恐ろしいほど人の本音がわかる！

大人の心理テスト

トキオ・ナレッジ

宝島社

はじめに

心理テストは心理学から導き出された
理論をもとにつくられている。
だから、何気なく選んだ答えでもココロの奥底に眠った
真実を浮かびあがらせる。

誰のココロにも驚くべき、欲望が眠っている。
「自分はこういう人間である」と思っている姿は、
実はごく一部分。
誰しも深層心理のなかでは、多面的なのである。
威張った上司も、使えない後輩も、気になるあの人も
そして、自分自身も――。

一見、子どもだましにみえる心理テストで
「本当の自分」や「他人の本音」が怖いくらい明らかになる。

「人間関係がうまくいかない……」
「あの人の気持ちがわからない……」
「好きな人を振り向かせたい！」

こんな悩みを抱えていたら、心理テストで
相手の本音を探ってみよう。

ビジネスシーン、恋愛、友人、家族関係……etc.
心理テストを円滑な人間関係に役立てていただければ
幸いである。

11月吉日　トキオ・ナレッジ

大人の心理テスト CONTENTS

PET SHOP
PET

第3章 性癖がバレバレ！「セックス力」診断 135

スカラ座
?

第5章 存在価値がわかる！「隠れ能力」診断

私は敵を倒した者より、
自分の欲望を克服した者のほうを、
より勇者とみる。
みずからに勝つことこそ、
もっとも難しい勝利だからだ。

哲学者

アリストテレス

第１章

あなたをつき動かしている隠れた欲望の正体とは？

人に言えない！「隠れ欲望」診断

食欲、性欲、睡眠欲……つねに「欲望」を求める貪欲な生き物が人間なのだ。心理テストで人には言えないブラックな欲望を明らかにする！

▶ QUESTION 01

近所に
スーパーが開店しました。
セールで商品はどれも
いつもの半額以下！
冷蔵庫が空っぽに近い
あなたは、
どの食品をたくさん買う？

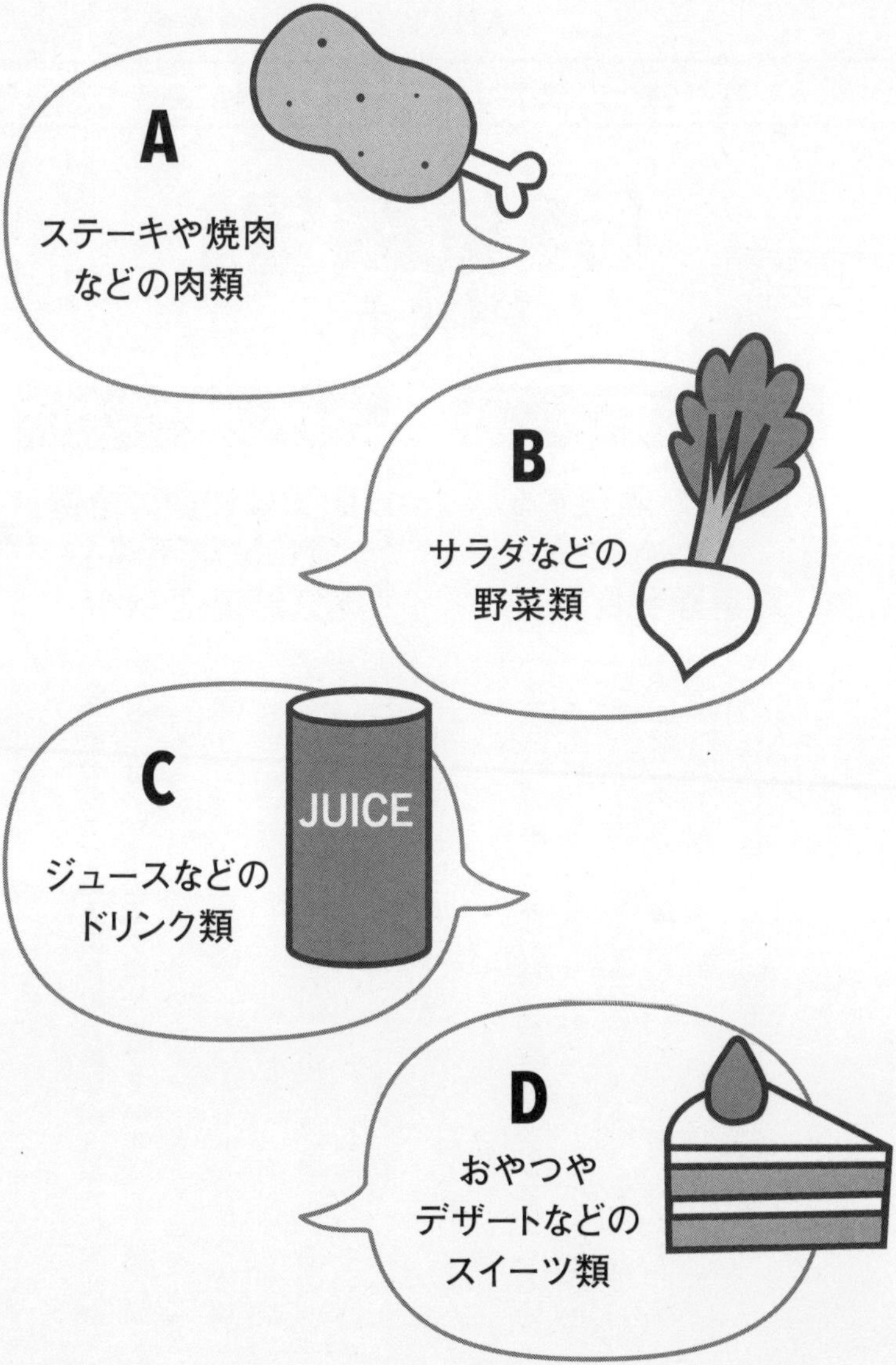
A
ステーキや焼肉
などの肉類
B
サラダなどの
野菜類
C
JUICE
ジュースなどの
ドリンク類
D
おやつや
デザートなどの
スイーツ類

ANSWER 01 ◀◀◀

食べ物への欲求は性欲と深い関係にある！

「浮気願望」がわかる！

A

肉類は性欲の象徴
常に欲求不満!?
浮気願望度 90%！

性欲の象徴である肉類を大量に購入したいのだから、セックス面で不満を持っているはず。恋人がいる場合も、その不満から浮気へ走ってしまう可能性大。パートナーがいない人も、このタイプは性欲が強いので、ひとりの異性では満足できないことも多く、同時に複数の異性と関係を持ちそう。

B

野菜が象徴する
知性と教養
浮気願望度 20%

現在の恋人への**不満は、知性と教養が不足している**点だと思ってない？　もし、あなたの前にもっと知的な会話ができる異性があらわれたら、浮気心がムクムクと膨らんでしまうのでは。本来、浮気性ではないので、自分から誘うことはないけれど、好みの異性に誘われたら断れない一面も。

空っぽの冷蔵庫はあなたをあらわし、何で満たしたいのか、何が不足しているのかによって不満が判明。そこから浮気願望がみえてくる！

D

生まれついての浮気体質！浮気願望度 120％!!

甘くて口当たりのよい「すてきなデザート」。それが、あなたにとっての浮気のイメージ。**浮気をしても、罪悪感はほとんどないはずなので、浮気願望がある・なしなどというより、人間は浮気をして当たり前**くらいに思っているよう。でも、ちょっと相手の気持ちを考えてみてもいいのでは。

C

ドリンクは愛情の渇望を示す浮気願望度 0％

とても愛情深いあなたは一途な恋愛をするタイプ。恋人や好きな人がいて充実した恋愛をしていないと、生活にハリがなくなってしまう。もともと浮気願望はないタイプだけど、**今の恋人とは冷えきった関係になっているので、このままではほかの異性を浮気でなく本気で好きになってしまう**かも。

幸せな結婚生活が浮気の原因に!?性生活に満足していても浮気に走る

KEY WORD 刺激を求める

ふれ合いを求める妻となんとなく浮気をする夫

浮気は、恋人のうちはまだ許せても結婚後は許せないという人も多いのでは。とはいえ、燃えるような恋愛をして結婚したカップルも、結婚という日常に慣れてくると、刺激がほしくなるもの。婚外交渉の経験者へのアンケートを実施したところ、50％以上が「配偶者との性生活には満足している」という結果に。

ということは、セックス以外に不満があるのかというと、妻と夫ともに「刺激を求めて」というのが浮気の理由第1位。ほかの理由として妻は「(人間的な)ふれ合いを求めて」。この回答から、日常的な会話も夫婦間では希薄になっているのかと考えさせられる。

一方、夫のほかの理由は「行きがかり上、なんとなく」。特に理由もなく浮気することに、「自分の遺伝子をより多く残したい」という生物学上のオスの宿命が感じられる。

ただ刺激を求めるタイプは、より強い刺激を追求することにつながる場合もある。結婚という平穏な日常があってこその「刺激」だということを忘れずほどほどに。

また、コスプレやいつもと違う場所でセックスするなど、生活に非日常を取りいれる工夫で「刺激」を感じてはいかがだろう。

心理学 column

パートナーのウソ それが浮気のサイン

パートナーのウソに気づいてもすぐに問い詰めず、まずはさり気なく隠し事がないか聞く。これで動揺したら浮気確定。また、平静を装っていても聞いていない内容まで早口で話しはじめたら、これも浮気確定だ。

QUESTION 02

あなたは南の島で
ダイビングをしています。
目の前に、ある生物が
あらわれました。
実は猛毒を持つ、
その生物はどれですか？

A
クラゲ
（ゴウシュウアンドンクラゲ）

B
タコ
（ヒョウモンダコ）

C
フグ
（クサフグ）

D
イソギンチャク
（マウイイワスナギンチャク）

ANSWER 02 ◀◀◀

支配欲は毒（＝パワー）の強さで見極める！

「支配欲・独占欲」がわかる！

A

相手のすべてを手中に置きたい！支配欲は無限大

人を数分で死亡させる猛毒を持つクラゲを選んだあなたの支配欲・独占欲はＭＡＸ！　このクラゲは長い触手でスズメバチのように刺すという高い攻撃力を装備。あなたも**自分を邪魔する相手は容赦せず攻撃し、力で支配する**タイプ。反射的に反撃せずひと呼吸おくと、争いを避けられることも。

B

頭脳派のあなたは理詰めで束縛支配欲ほぼMAX

海中生物のなかでも頭脳派のタコを選んだあなたは、猛毒という攻撃力＋知性も併せ持つタイプ。タコツボ漁ではツボ一個にタコ一匹のみ。**同様に自分のテリトリーにシビアなあなたは、支配欲や独占欲もかなり強い**はず。持ち前の知性を駆使し、からめ手で相手を追い詰めすぎないように注意。

目の前にあらわれた生き物はあなたの分身。その毒の強さと支配欲の大きさはほぼ比例するが、その生物の特徴も関係してくる。

C

独占や支配とは無縁な癒し系 支配欲まるでなし

フグの毒はテトロドトキシンといわれ、1～2ミリグラムで致死量となる。しかし、フグから攻撃をすることはほぼない平和主義のため、これを選んだあなたも**支配欲・独占欲とは無縁。しかも、食べられてしまうのだから、どちらかというとM体質。**誰かに独占されたいという願望があるかも。

D

何かを守るときは反撃する場合も 支配欲は中程度

青酸カリの8千倍という猛毒を持つイソギンチャク。でも、みずから毒で攻撃することはない。これを選んだあなたも**よほどの理由がない限り、攻撃をすることはまれで支配欲・独占欲も人並み**だといえる。とはいえ、あなたの大切な何かに危害が及ぶと大変！ 猛毒を使って猛反撃に出る。

「他人より上にいたい」という劣等感から支配欲が生まれてくる

強力な負の感情が支配欲の強い独裁者をつくることも

支配欲・独占欲をひと皮むくとみえてくるのは、自分が他人よりも上の立場にいたいというコンプレックスであることが多い。独裁者といえば一番に思い起こされるのは、ドイツのヒトラー。彼は自分の容姿に強い劣等感を持っていたというのは有名な話だ。

誰でも他人と自分を比べてしまい、それが

KEY WORD
コンプレックス（劣等感）、支配と依存

コンプレックスとなることもあるはず。コンプレックスを感じていると自覚している場合は問題ないけれど、無自覚だと強いコンプレックスが蓄積されて支配欲や独占欲となる場合も。負の感情が強ければ強いほど、出現した支配欲や独占欲も強力になる。

ストーカーによる行動が問題になっているが、こういう行為に走るタイプも強いコンプレックスの持ち主であることが多い。劣等感による負の感情が「依存」という形であらわ

強いコンプレックスが「支配欲」を生む

独占欲や支配欲が強い独裁者の根底にあるのは劣等感！

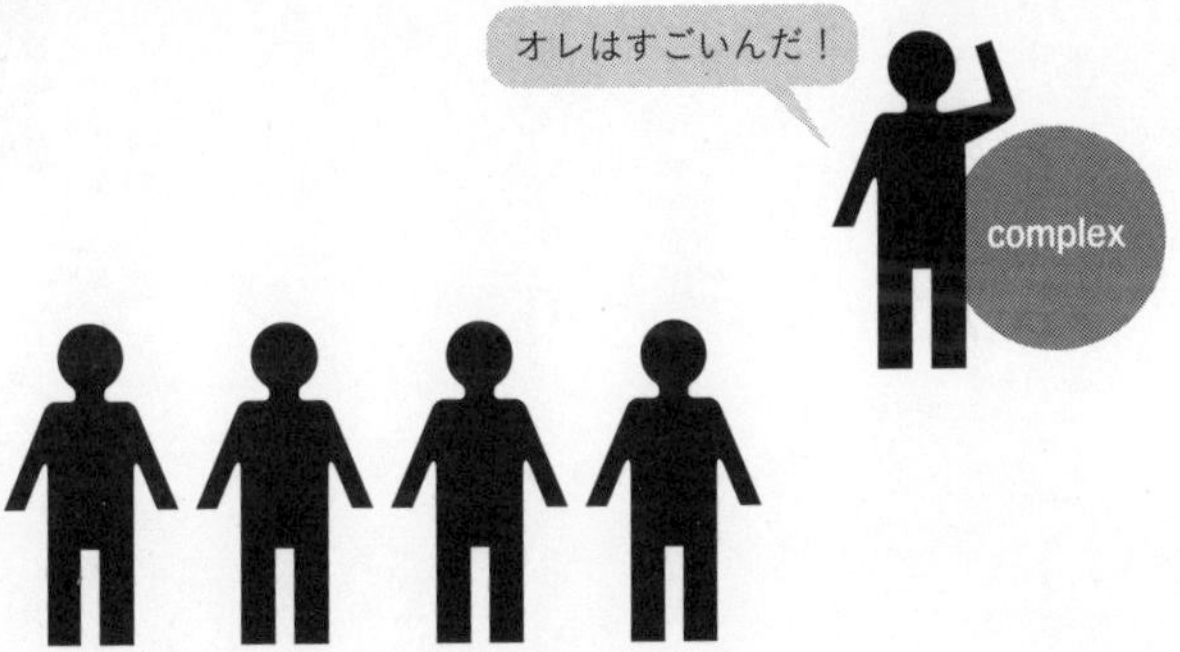

れた場合、人に依存すればストーカーになる可能性も考えられる。

一般的に、支配欲・独占欲が強いのは男性に多くみられる特徴で、逆に依存や支配されたいと望むのは女性に多いといわれる。脳にも性差があり、この傾向は男性脳・女性脳からくるという専門家もいる。

心理学 column

行き過ぎた愛情は激しい支配欲と表裏

あなたの恋人が極端に愛情深いタイプなら、ちょっと注意が必要かも。そのうちに束縛が強くなり、独占欲が激しくなり、別れようとした場合、手の平を返したように力でねじ伏せ、ＤＶにつながる可能性も。

QUESTION 03

前から
大きなベビーカーを押した
お母さんが近づいてきます。
どうやら赤ちゃんは
双子のようです。
その性別は
次のうちどれだと思いますか？

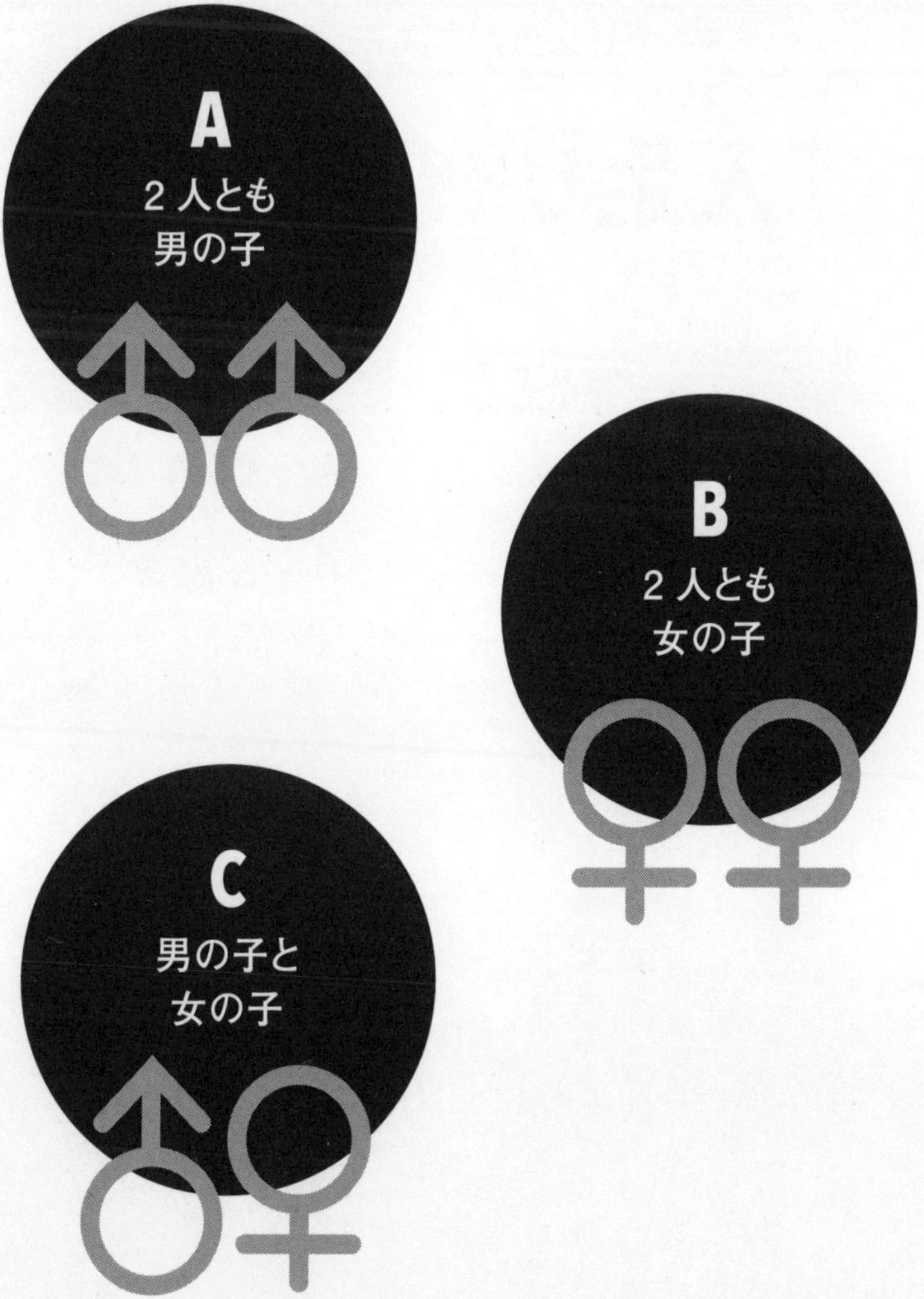
A
2人とも
男の子
B
2人とも
女の子
C
男の子と
女の子

あなたは人生が二度あったらと思う?

「人生リセット願望」がわかる！

A

自分と異なる性を選択した場合はリセット願望↑↑

男性は経済力をあらわすので、男の子を選んだあなたは**人生の価値をお金で計るタイプ**。あなた自身が、選んだ性と同じ男性なら経済的な不満はなく、リセット願望は低い。だが、選んだ性と違って女性なら、客観的に貧しくなくても「もっと上に行けるはず」と強い不満をココロに秘めている。

B

自分と同じ性を選択した場合はリセット願望↓↓

女性は人間関係の象徴なので、女の子を選んだあなたは**周囲との関係を重視するタイプ**。選んだ性と同じ女性の場合、周囲と不満のないよい関係を築けていてリセット願望は低め。一方、選んだ性と違う男性の場合、人間関係に行き詰まりや不満があり、リセットしたいと強く感じているかも。

双子の性がカギ。自分で意識している性と、客観的に見た性をあらわす。選択した性が現実と違うなら、やり直したいという願望あり。

C

一度きりの人生をまっとうしたいタイプ　リセット願望ゼロ

男女両方を選んだあなたは、**経済力も人間関係もどちらにもバランスよく気を配るタイプ**。現状に不満があってもなくても、一度きりの人生をまっとうしようという気持ちが強く、人生をリセットする気はゼロ。意識下に存在する、もうひとりの異性の自分がリセット願望のストッパー役に。

自分の手で人生のリセット⁉ 日本では若年と高齢者の自殺が多い

KEY WORD 自殺のサイン

年間で2万人超えの自殺者 サインを見逃さないように！

人生の究極のリセットといえば、「自殺」。内閣府と警察庁の統計によると、2014年の自殺者総数は2万5427人。男女別では、男性の自殺死亡率は女性の約2・3倍。一方で、自殺未遂者はこの10倍は存在するそうだ。

さらに、厚生労働省による2014年人口動態調査の死因順位で「自殺」は第8位。第1位「悪性新生物」や第2位「心疾患」には及ばないけれど、「大動脈瘤及び解離」や「慢性閉塞性肺疾患」というおなじみの生活習慣病よりも多い死因となっている。

日本では、「自殺者は天国にいけなくなる」という宗教観による歯止めが弱いため、欧米諸国などと比べて自殺者が多いという意見も。また、昨今の不況や自然災害による経済的な問題も重くのしかかり、自殺を選ぶ人が絶えない。さらに日本は他国に比べ、若年層と高

若者の死因NO.1は「自殺」

就職・勤務で悩み、15～39歳各年代の死因は自殺が最多。
若者の自殺が深刻化している。

年齢	1位の死因		2位の死因	
15～19歳	自殺	36.0%	不慮の事故	25.9%
20～24歳	自殺	50.8%	不慮の事故	16.5%
25～29歳	自殺	49.5%	不慮の事故	13.5%
30～34歳	自殺	39.0%	悪性新生物	17.9%
35～39歳	自殺	30.0%	悪性新生物	23.7%
40～44歳	悪性新生物	28.8%	自殺	20.3%
45～49歳	悪性新生物	34.1%	自殺	14.9%

出典：厚生労働省 人口動態調査（2014年）

齢者層に自殺者が多いという特徴もある。

特に若年層の場合は、自殺のサインを発していることが多いそう。直接自殺をほのめかす、形見分けのように大切なものを誰かに託す、アルバムの整理や処分をするなど。身近な誰かの気づきでひとりでも、自殺を思いとどまらせることができればいいが……。

心理学column

長寿大国といわれる日本 高齢者の自殺率が高い

他国に比べ高齢者の自殺が多いが、なかでも女性高齢者の自殺率が高いと問題視されている。原因では健康問題が６割以上を占め、特にうつ病による自殺が増加傾向のため、その予防対策への取り組みが急がれる。

▶QUESTION 04

あなたは
有名な私立探偵。
また新たな事件の解決を
依頼されました。
今回の事件は難事件です。
どうやって解決する？

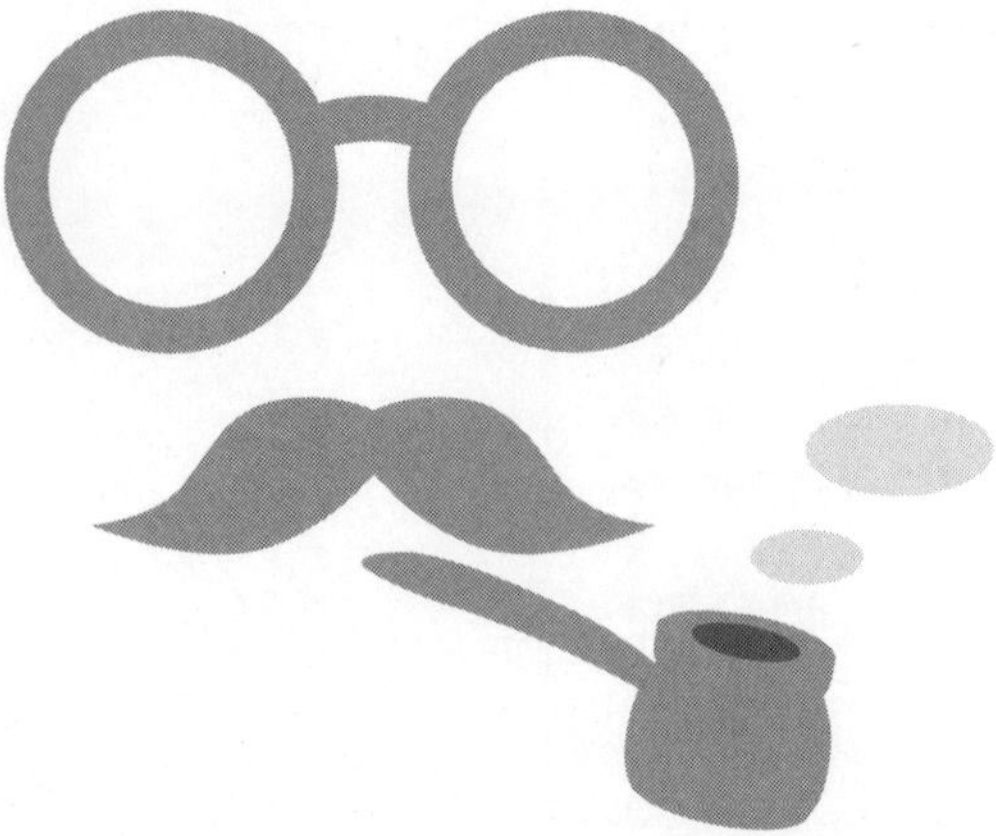

A 関係者から怪しい人物をピックアップし、徹底的に調べる

B 事件現場の近くを聞きこみする

C 別人物になって、事件関係者に潜入捜査する

D いつもどおり勘に頼る

ANSWER 04 ◀◀◀

意外と危ない志向の持ち主かも

「アブノーマル志向」がわかる！

A

恋人のあらゆることを知りたい！のぞき趣味予備軍

あらゆる面を検討して怪しい人物をみつけて裏の裏まで調べようとするあなたは、**なんでも自分の目で確認したいタイプ。自分が知らない恋人の一面をのぞきたい、という密かな願望を持つ傾向**に。江戸川乱歩の『屋根裏の散歩者』のようにのぞき趣味で身を滅ぼさないように要注意！

B

これと思ったらとことん追求するストーカー予備軍

聞きこみという時間のかかる作業をみずから選んだあなたは、**相当な粘着気質。目的のモノを手にいれるまで全力を注ぐタイプで、一歩間違うとストーカーに変身してしまう危険性も持っている。**相手のことより自分の気持ちを優先する傾向が強いので、普段からそのへんを改めるといいかも。

探偵の捜査は非日常的な行動のあらわれ。その行動パターンによって、あなたのアブノーマル志向が白日の下にさらされる。

C

寝た子を起こすとタイヘン!?危ない人予備軍

別人となって行う危険な潜入捜査を選んだあなたは、**変身願望が強く、別の自分を目覚めさせたいと日常的に思っている**はず。特に異性になって潜入捜査をするという想像をしている場合は、**今の自分と無意識の自分とのギャップが大きく、アブノーマル度もかなり高い。**

D

限りなく妄想がふくらんでしまう監禁魔予備軍

勘に頼って物事を解決しようとするあなたは、**重度の妄想癖がありそう。**自分の妄想に、現実を近づけようとする傾向があり、それが高じると監禁してでも自分の手で理想的な状況をつくろうとしてしまうかもしれない。**あまりお近づきになりたくない、危ない隠れ監禁志向タイプ。**

性的倒錯は生まれつきか成長の過程か環境などが原因か？

KEY WORD 異性愛・同性愛・両性愛

性的倒錯では当事者や周囲が困っていないなら大丈夫!?

古くから一般的に、恋愛対象が異性という「異性愛（ヘテロセクシャル）」が多数派で正常であるとされる。対する「同性愛（ホモセクシャル）」や「両性愛（バイセクシュアル）」は少数派で異常とされてきた。

精神分析学者のフロイトは、性愛の対象は変化し、同性を対象とするのは成長の一過程と述べた。女子校や男子校などの異性との接触が制限される環境から、同性愛的な感情を持つことも。フロイト説のとおり、成長して環境が変われば異性愛に変わるかもしれない。だが、成長後もそのまま性愛の対象が同性という場合も。

「性同一性障害」はアブノーマルだとされてきたが、今は厚労省も心の病気として扱う。性同一性障害の推計患者数は全国で4万6千人。ＭｔＦ（体が男・心が女）は約1万人に

ひとり、ＦｔＭ（体が女・心が男）は約３万人にひとり。実際はさらに多く、性別になんらかの違和感を持つ人は１千人にひとりと語る専門医もいる。

アブノーマルとノーマルの境界はあいまい。所属する社会・地域などでＯＫなら問題ないものなのかもしれない。

心理学 column

嗜好は個人差とはいえ性的倒錯は十人十色！

ネクロフィリアは死体愛好、ヘマトフィリアは出血で性的興奮、フォミコフィリアは昆虫性愛、デンドロフィリアは樹木が性の対象、シンフォフィリアは大きな自然災害に性的興奮など、異常な嗜好が果てしなくある。

大そうじをしていたら、
過去の恋人からもらった
合鍵が出てきました。
あなたならどうしますか?

A 元恋人はまだそこに
住んでいると思うので、
返しに行く

B 元恋人は引っ越したに
違いないから、
不動産屋に返しに行く

C 元恋人がまだ住んでいても、
部屋の鍵は替えられてしまった
に違いないから捨てる

D 元恋人が住んでいた
建物自体なくなった
と思い、捨てる

ANSWER 05 ◀◀◀

未練があるとストーカーになりやすい!?

「ストーカー度」がわかる！

A

ココロの整理がついていない状態 ストーカー度 90%

今も変わらず鍵が使えると答えたあなたは、**過去の恋人に未練タラタラ。**同じように恋人も未練があると、虫のいいことを考えているのでは。もし、一度だけでも顔をみたい、と出かけて行ったら、次は話がしたいなどとエスカレート。**気持ちに区切りをつけないとストーカー**になってしまうかも。

B

自然と思い出の場所へ行くかも ストーカー度 50%

過去の恋が終わったことは理解しているけれど、その幸せな思い出には浸っていたいあなた。2人の思い出の場所へ行くこともあるのでは。でも、そんな行為を元恋人には、**ストーカーっぽいと誤解される**ことも。ヤバい人だとレッテルを貼られる前に、「君子危うきに近寄らず」でいこう！

過去を象徴する古い鍵が、ここであらわすのは終わった恋愛。鍵の扱い方で未練の深さと、ストーカー度合いがはかれる。

C

被害者意識が徐々に高まったらストーカー度 70%

部屋の鍵を変えられたから恋人に会えなくなった、というように別れたのは自分の意思でないと感じているあなた。**被害者意識が高じると、元恋人に会って問い詰めるなどの行動を起こしそう。**早めに、**客観的に事態を見守ってくれる人に間に立ってもらい、ストーカー化の予防対策**をしよう。

D

キレイサッパリ別れられたからストーカー度 0%

あなたは終わった恋や、別れた相手に少しも興味を持たないはず。それが**どんなに燃えあがるような恋愛をした相手でも、別れてしまえばスッパリ忘れてしまう**タイプ。あまりにも別れ際がアッサリしているので、むしろストーカー行為を受ける側になりやすいかもしれないのでご用心を。

ダメ人間を放っておけないタイプは共依存からストーカーへ変わることも

KEY WORD 恋愛共依存症

アルコール依存症の夫と妻 それが「共依存症」の典型例

警視庁の「ストーカー事案への取り組み」によれば、2013年のストーカー被害の状況は相談件数1466件、ストーカー規制法に基づく警告300件、検挙34件。年々その数は増えているのが現状だ。

ところで、「共依存症」という言葉があるのを知っている？　アルコール依存症の夫と、その妻というのが、典型的なパターン。お酒をやめられない夫は生活全般を妻に頼り、妻はそんな夫から頼られることに自分の存在意義を感じる。お互いに依存し合っているゆがんだ関係だ。恋愛関係において、この現象がみられると「恋愛共依存症」と呼ぶ。

アルコール依存症以外でも、性格や情緒面、仕事や金銭面で問題があり「救済できる人」を放っておけないタイプは危ない。問題のある相手と恋愛に発展したら、共依存の関係に

ストーカーの行動パターン

自分のことが好きなので「相手も自分が好きに違いない！」などと思いこむ。

▼

ストーキング開始！

▼

一方的にプレゼントを贈ったり、電話・メール・手紙を送る

▼

相手に「迷惑だ」と直接言われても、「話しかけに応じてくれた」＝「関心を示した」と都合よく解釈する

▼

自分の気持ちが受けいれられないと、最終的に暴力行為に発展！

なる。最初のうちは幸せだと勘違いするかもしれないけれど、相手の気持ちが自分に向いていないとなると大変。恋人を取り戻す作戦を妄想のように考える。その妄想を実行に移すのは時間の問題で、いつストーカー行為を起こすかわからない。予防策は、自分が依存しやすいタイプだと自覚することが第一歩だ。

心理学 column

「ほしい」気持ちの暴走 それがストーカー心理！

ストーカーの「好き」と一般的な「好き」は違う。ストーカーのなかでは好きな気持ちが完全に消えているのに、恋人がほしい・恋人を取り戻したいという思いは膨張し、暴走してしまう。これがストーカー行為だ。

QUESTION 06

あなたに1億円の宝石が
プレゼントされる
ことになりました。
どの種類の宝石をもらう？

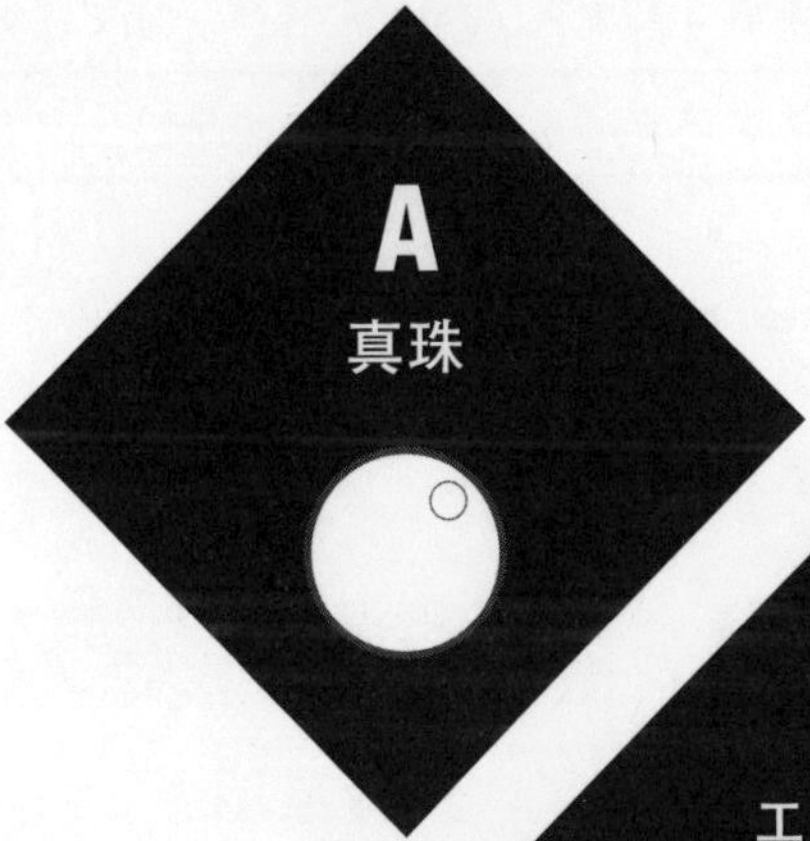
A
真珠

B
エメラルド

C
サファイア

D
ダイアモンド

周囲がドン引きするセクハラ大王は誰?

「セクハラ度」がわかる!

A

純真無垢で下心まったくなしセクハラ度ゼロ!

真珠の宝石言葉は「健康・長寿・富・純潔」。長年の苦労が実を結んだ結果得られる、内面の美しさを象徴する。真珠を選んだあなたは、**ココロが美しく思いやりにあふれ、セクハラとは無縁**の生活を送るはず。それよりも、ココロが無垢なので悪意のある相手に利用されないように気をつけて。

B

誰にでも好かれる少しズルいタイプセクハラ度★

「幸福・清廉」という宝石言葉を持つエメラルドは、癒やしの象徴とされる。これを選んだあなたも**他人にあまり不快感を与えない得なタイプ**。ちょっとエッチな言動をしても、**ほかの人だと問題になるところを「しょうがないな」と許されてしまう**ことも。セクハラ度は25〜35%。

プレゼントに選んだ宝石にはそれぞれ象徴するイメージがあり、それによって欲望の強さがわかり、セクハラ度が判明する。

C

誠実さと純粋さが裏目に出てしまう セクハラ度★★★

「誠実・純粋」という宝石言葉のサファイアを選んだあなたは、**思ったままを口にしてしまう、ある意味で純粋なタイプ。**相手のスタイル・顔などについても、思ったことをしゃべりがち。**あなたが言った言葉をほめ言葉ととるかセクハラととるかは相手しだい**なので、セクハラ度は65～75％。

D

Hな話で気を引く子どもっぽさあり セクハラ度★★★★★

ダイアモンドは永遠の価値をあらわし、「欲望の強さ」を象徴。これを選んだあなたも欲望が強いタイプで、セクハラ度は100％！ 気になる相手の興味を引くためなら、TPOをわきまえず下ネタや卑猥なフレーズばかりを繰り返す。しかもセクハラだと気がついていないので、始末が悪い。

女性からのサインを誤解しやすいため男性はセクハラをしてしまう

KEY WORD 対価型と環境型

基本的に相手が望まない性的言動は全部セクハラに

セクハラは大きく2種類に分かれる。ひとつは地位や役職などを利用し、性的な服従を要求する「対価型」と、もうひとつは仕事などをする上で見過ごせない程度に、環境を不快なものにする「環境型」。環境型には性的魅力をアピールする服装や振る舞いの「視覚ハラスメント」、性的冗談を繰り返す「発言ハラスメント」、胸やおしりをさわる「身体接触ハラスメント」の3つの種類が含まれる。

アメリカの大学生200人を対象にしたある研究では、男性は女性から受け取るサインを過大評価しやすいと報告された。男性は女性からのどんなサインにも、「彼女はぼくに気がある」と思いこみやすいというのだ。女性の立場からみると「男にはこういう傾向がある」とわかれば、相手が勘違いする一段階前で歯止めをかけたり、軌道修正したりし

て、タイプではない男性のアプローチを減らし、セクハラを予防できるかもしれない。
相手が望まない性的な言動は全部セクハラだが、どんなことをセクハラと感じるかは人それぞれ。会社などで、何がセクハラに該当する可能性があるか、ある程度の同意や基準点を把握しておくのは必要なことだろう。

心理学 column

進化心理学で考えると男性の思い違いも納得か

「進化心理学」では、人間の無意識な行動は、すべて種族保存や子孫繁栄の影響を受けているといわれている。それに忠実な男性は、なるべく多くの女性と親密な関係になり、自分の遺伝子を残そうとしているのだ。

▼QUESTION 07

巷で人気の
アイドルがいます。
しかし、あなたは
なぜかその子が
好きではありません。
その理由はなんですか?

A

スタイルが
悪いから

B

トークが
おもしろく
ないから

C

若づくりしすぎ
だから

ANSWER 07 ◀◀◀

変身してなりたい自分になってみる!?

「美容整形願望」がわかる！

A

美の高みを目指すナルシスト型の整形願望は最強

自分の外見に自信があり、自己陶酔している人。季節の変わり目ごとにガラリと雰囲気を変えたり、自分が人からチヤホヤされるような**妄想をしては****ニヤニヤしていたりする**タイプ。でも、「鼻さえ直したら、私（俺）は相当イケてるのに惜しすぎる！」とよく考えていて、美容整形願望はＭＡＸ！

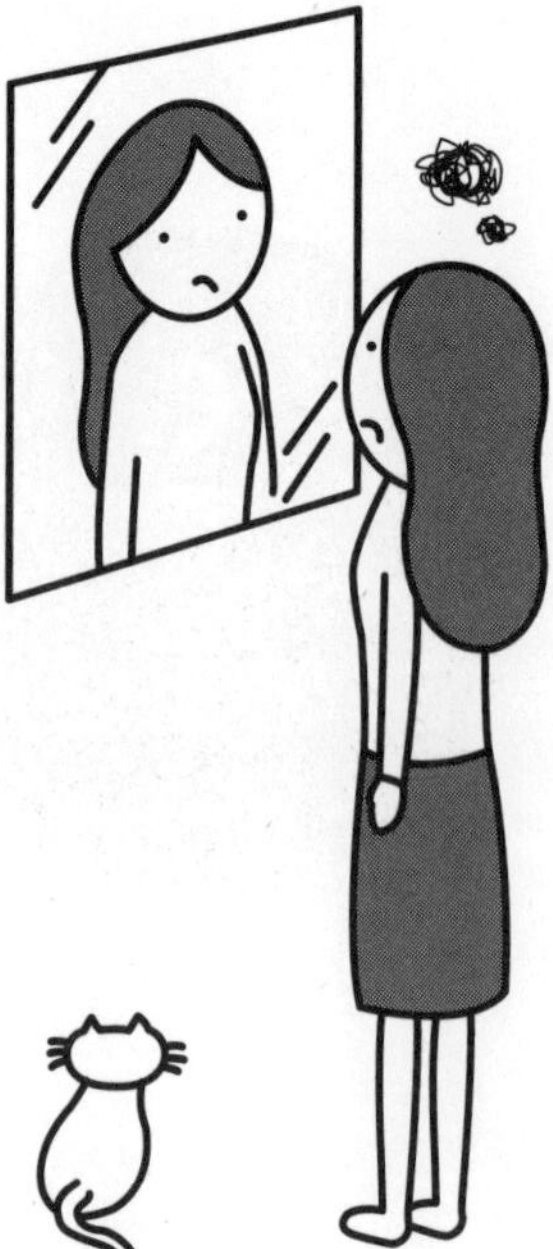

タレントは「なりたい自分」の象徴。どの面を嫌うかによって、隠れていた整形願望の強さを赤裸々に暴く！

B

強い変身願望は内面へ向く整形願望は低め

美容整形には興味津々でも、実行には移すことのないタイプ。あなたは、**外見ではなく内面を変えたいという願望を持っている。**そのため、二枚目や美人でなくても主役をくうような個性派俳優に憧れているのでは。見飽きる外見じゃなくて、際立つ個性を武器に輝く野望を持っていそう。

C

あきらめ？それとも満足感？整形願望はゼロ

加齢にともなった見た目に満足しているあなた。当然、美容整形願望はゼロ。**変身しなくても現状の自分に満足し、何より親からもらった大切な体を大切にしたい**という人は安心。でも、「どうせ私なんて」とあきらめモードだったら、少し自分磨きすることを考えてもいいかも。

もともと女性は本能として強烈な変身願望を持っている

KEY WORD ▶ 変身願望、プチ変身

違う選択をして今とは異なる人生を送っていたら……


女性のほうが変身願望は強いといわれるけれど、これにはいくつか理由が考えられる。

現代に生きる女性の場合、人生の選択肢は多種多様。結婚の経験、子どもの有無、仕事とのかかわり方などで、まったく違う人生を歩むことになる。「もし、ほかの人と結婚していたら」「もし、あのとき転職していたら」などと、別の人生があったことを夢みる女性は、少なくないはず。

一般に、男性より女性のほうが結婚相手によって人生が変わる可能性は高い。そのため、「いつか私だって」と一発逆転の夢を持ち続けるのも無理もないかもしれない。

また、多くの女性がメイクやファッションで、「プチ変身」を体験している。これが「いざとなったら変われる」という自信につながっているのだ。

女性が抱えている「変身」したい欲求

もし違う人と
結婚していたら……
子どもを産んでも
仕事を続けていたら……
結婚
出産
仕事
学び
不安

**人生には明確なゴールがないため、
いつまでたっても不安を抱え、「変身」したくなる。**

そもそも「変身」は女性が本能的に持つ欲求らしい。それに対して、男性の欲求は「成長」。今とは違う人に変わりたい女性と、自分の努力でステップアップしたい男性。同じ「変わる」でも男女間で意識の差が大きい。こんなに差が大きいのだから、男女が恋愛などの場面ですれ違うのもしかたないのかも。

心理学 column

1000人当たり13.1件！韓国は世界一の整形大国

韓国では、容姿がよくないと進学や就職に不利だと考える傾向が強く、美容整形が一般化。日本では、しわ除去に利用されるボトックス注射、次いでヒアルロン酸注入など、メスを使わない非外科的手法が人気。

QUESTION 08

あなたは、
有名なグリム童話
『オオカミと七匹の子ヤギ』の
末っ子の子ヤギです。
隠れていた柱時計から、
チラリとみえた
オオカミの部分は？

A
耳

B
目

C
鼻

D
しっぽ

ANSWER 08 ◀◀◀

快楽の嵐のなかでめちゃめちゃにされたい？

「犯されたい願望」がわかる！

A

新しい刺激を追求したい！
犯されたい度／超

「耳」は新しい情報をキャッチする器官。それを選んだあなたは、**常に新しい刺激を待っている犯されたい願望が最強**タイプ。今までやったことがない体位や場所、道具の使用などに抵抗感はまったく持たない。一度、快感に目覚めたら、新しい方法を積極的に試そうとするかもしれない。

B

汚い言葉でいたぶられたい！
犯されたい度／強

「心の窓」といわれる「目」を選んだあなたは、**ココロを犯されたいという願望の持ち主**。ココロがズタズタになるまで罵られることで、快感を得られるタイプかも。普段は清楚なイメージで快楽に興味がないふりをしていたとしても、実は犯されたい願望がかなり強そう。

オオカミは破壊衝動や悪人を象徴する。チラリとみえた部位で、「犯されたい！」というココロのなかに隠れていた欲望がみえてしまう。

C

乱暴な扱いは許さない！犯されたい度／零

「鼻」はプライドをあらわすといわれ、それを選んだあなたは、犯されたい願望をまったく持たない。**自分が一番大切なので、望みもしないことをされるのは我慢できないはず。ましてや犯されたいなんて、どんな状況でも考えられない**だろう。少しでも乱暴な扱いをした相手は絶対に許さない。

D

毒をもって毒を制すか!?犯されたい度／弱

「しっぽ」は、過去の精算を意味するもの。過去のショックな出来事をなかったことにするため、同程度以上のショックで相殺しようと考えているのでは。**過去のトラウマを新たな快感の波で押し流したい！**ということかも。でも、過去のことがなければ、あなたは犯されたい願望は弱いタイプ。

身体の部位は性格をあらわす!?無意識だからこそ本性が出る

KEY WORD 体の部位とココロの関連性

足から洗うと自己チュー腕から洗ったらどんなタイプ?

前ページの心理テストでは、破壊的衝動の象徴のオオカミに対して、最初にみる部位で心理診断をしたけれど、これと同じように「お風呂で体を洗う順番」で性格がわかる。

・その1　足から洗う人

自信過剰で自己中心的なタイプ。視野が狭いので、相手の話をよく聞いて気持ちも受けいれるよう心がけよう。また、小さなことを非難せず、広いココロを持つといい。

・その2　腕・手から洗う

寂しがり屋の甘えん坊タイプ。常に誰かと一緒にいたくて、寂しいと死んでしまうような気持ちになることも。手から洗う人は、特にかまってちゃんタイプ。予防法としては、友達をたくさんつくろう。

・その3　頭・髪から洗う人

二重人格タイプ。好奇心旺盛なのはいいが、

洗うパーツでわかるあの人の性格診断

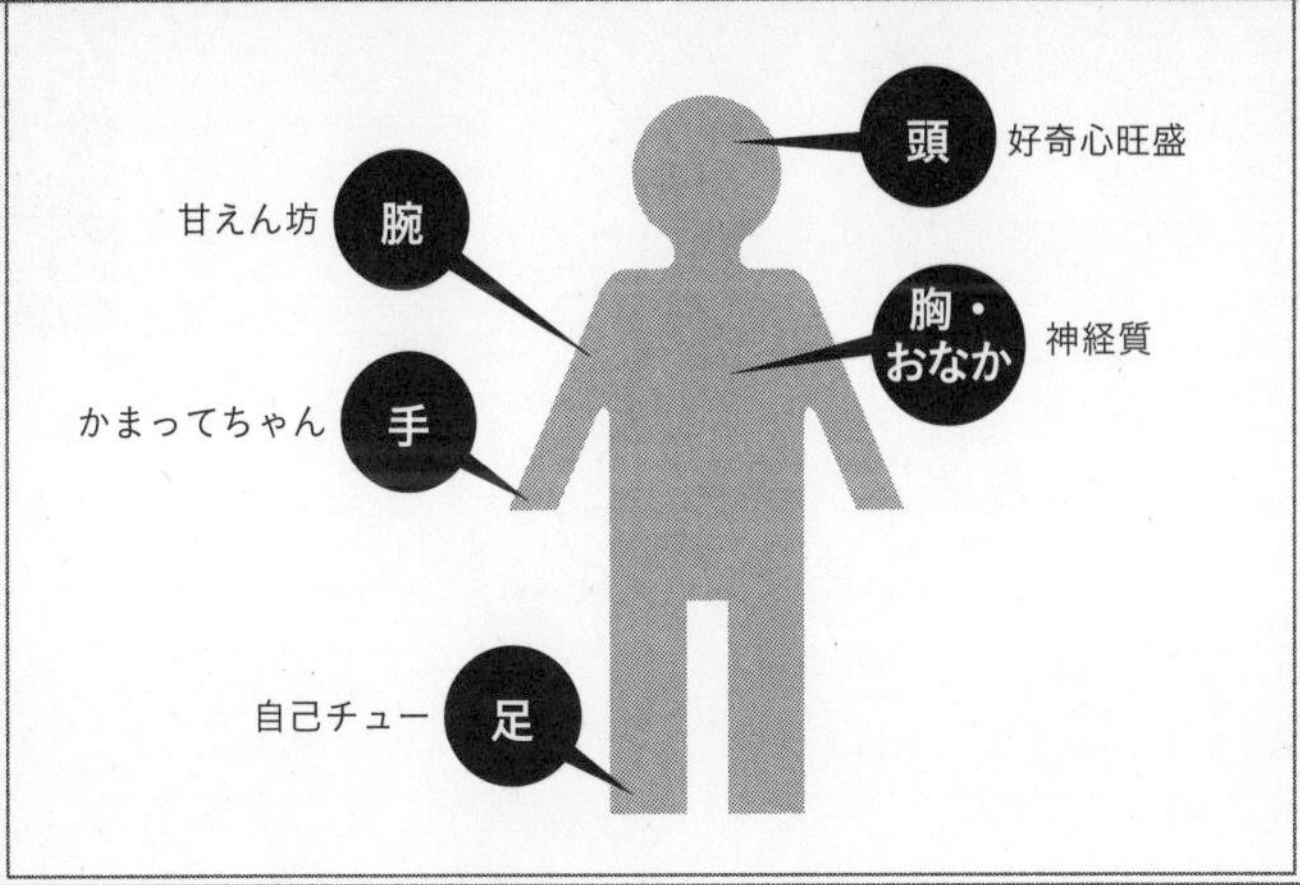

すべてが中途半端になりがち。手を出したことはやり遂げる努力を怠らないこと。

・その4　胸・おなかから洗う人

神経質で悪いほうへと考えがいってしまうタイプ。そんなネガティブな自分を変えたいなら、冒険してみるのがおすすめ。知らない外国へ一人旅にでも行ってみては。

心理学 column

男性はサド、女性はマゾが多いって本当!?

男女の身体的特徴から、男は基本的にサディストで、女は基本的にマゾヒストであるという説がある。そんな性的志向から、力ずくでも犯したい・犯されたいという願望を隠し持つ人が存在するかもしれない。

あなたは普段どのように鍵を携帯していますか？

A

車や家の鍵など識別しやすいように、キーケースにいれている

B

キーホルダーなどのアクセサリーをつけて持ち歩いている

C

アクセサリーなどはつけず、そのままポケットやバッグにいれている

ANSWER 09 ◀◀◀

熱い視線にぐっとくるからもっとみつめて

「露出したい度」がわかる！

A

完全ガードが基本
少しも出さない！
露出願望 0%

キーケースにいれているあなたは、がっちりガードしないと不安なタイプで、**露出なんて考えられない**はず。恋人とのセックスのときも灯りは消すし、温泉や銭湯も苦手でできれば行きたくないと思っていそう。**解放感より、ありのままの自分をみられるのが怖いし、強い羞恥心を感じる**からだ。

B

目立つことが好き
露出もその延長!?
露出願望 100%

目立つようにキーホルダーをつけているあなたは、**露出したい度が最高**のタイプ。特にジャラジャラとたくさんつけていたら目立ちたい願望も強く、お酒の席で露出した経験もあるのでは。セックスの際、**わざとドアやカーテンを開け放してみられるかもしれない可能性にゾクゾクしている**かも。

「自分を解放したい」という願望をあらわす鍵。解放欲求が強ければ、自分を縛るあらゆるものを脱ぎ捨てたくなり、服までも邪魔だと感じる。

C

常識的な範囲なら脱ぐこともOK！露出願望50%

鍵をそのままの状態で持っているあなたは、家族や恋人などの親しい間柄なら、裸のつき合いも悪くないと考えている、**露出したい度は普通**の人。特殊なシチュエーションでは脱ごうとしないタイプだけど、**自分ひとりのときは裸族になって自己を解放することがある**かもしれない。

女性になるかもと恐れる気持ちから男だと確認するためにシンボルを露出

KEY WORD 露出症

子どもが母親の性器をみたショックが原因にある!?

裸をみられることで性的に興奮する場合や、他人にみられながらの性行為でないと興奮しない場合などは、精神疾患のひとつ「露出症」とされる。このような願望を持っているだけだったり、露出によってなんらかの社会的な影響・迷惑が出ていなかったりするなら、露出症ではなく趣味の一環となるようだ。

一般的に男性が多い傾向にある。なぜ、男性が露出せずにはいられないのかというと、子どもが母親の性器をみたときの不安感が原因であるという説がある。
男の子の場合、母親には自分と同じようなペニスをみつけられなかったことで、自分も大きくなるとペニスをなくすのではないかと不安になるらしい。その不安を押し退ける方法として、自分のペニスを確認して露出するということだ。幼い男の子のなかでは母親と

「露出」したい願望は子どものころのトラウマが原因！?

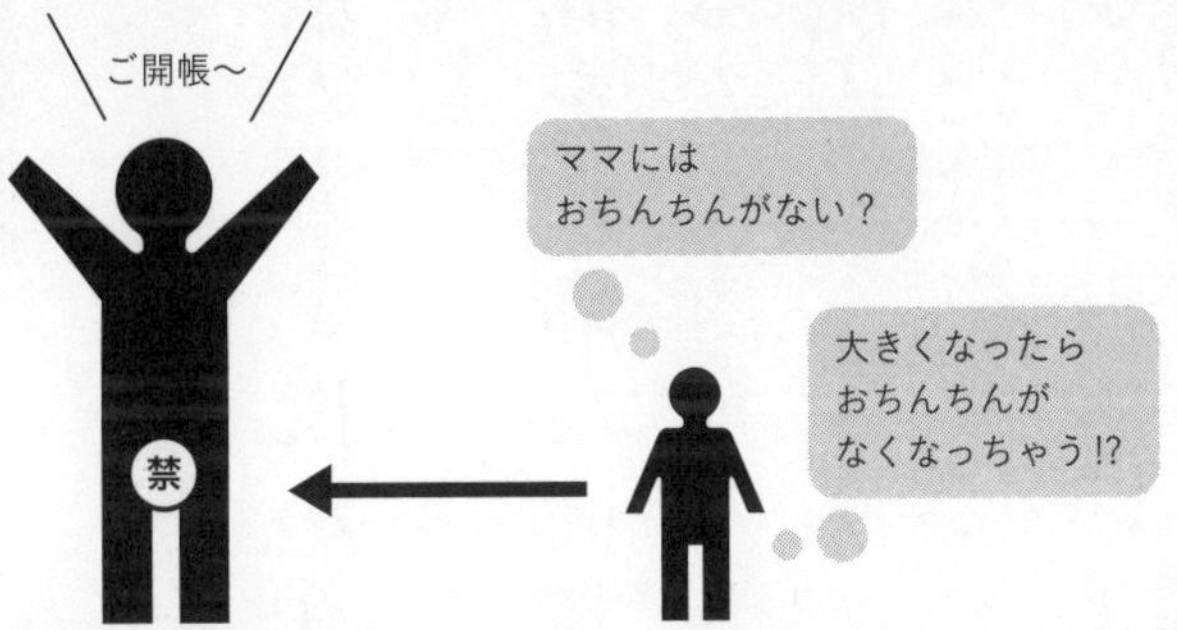
ご開帳～
禁
ママには
おちんちんがない？
大きくなったら
おちんちんが
なくなっちゃう!?

子どものころの恐怖が
性的興奮に変わる！

の同一化が起こり、本当にペニスをなくし母と同じ女性になることを恐れる気持ちが強くなり、男性のシンボル＝ペニスをみせることで、自分が男であると確認しているそうだ。

ちなみに日本では公共の場における露出行為は、刑法174条「公然わいせつ罪」として逮捕され、刑罰の対象となる。

心理学 column

露出症患者は２～３歳児　相手の気持ちを考えない

露出者は自分の満足のみで、相手の迷惑や気持ちを理解していない。人間は３～５歳で他人の存在に気づき、相手に合わせられるようになってくるので、この点では露出者は２～３歳と同じようなものだといえる。

▼QUESTION 10

ある日、時間を止める
魔法の力を授かりました。
ただし、
時間を止めた回数分、
あなたの寿命が短くなる
悪魔の力です。
あなたは生涯で
何度使うと思いますか？

A

たったの１回

B

片手で
おさまる数

C

両手で
おさまる数

D

10回以上使う
と思う

ANSWER 10 ◀◀◀

時間を止めて敵の息の根も止めてしまおう

「抹殺したい敵の数」がわかる！

A

目障りな敵への憎悪は相当強い！抹殺対象はひとり

魔法を1回だけ使うあなたは、職場やサークル内などの身近なところに消えてほしいと思う敵＝ライバルがいる。**憎しみのベクトルはそのひとりに集中し、かなり強い憎しみを抱いている**よう。理由が何にしても、このままにせず感情が爆発してしまう前に本音を言い合う場をつくっては。

B

消えてほしい理由はそれぞれ抹殺対象３〜４人

片手くらいの回数と答えたあなたの抹殺したい**ライバルは、3〜4人のはず。それぞれの理由で憎しみを募らせていて、各人に強烈な抹殺願望を持っている。**飲み会の席などでガス抜きしたり、同じ人物に同様の不満を持つ人がいるなら、愚痴をこぼし合ったりしてストレス解消しよう。

時間を止めて好きなことができたら無敵。そんな魔法の力を何回使うかで、あなたがいなくなればいいと思っている敵の数が明らかに！

C

敵が集団になると負の感情も分散 抹殺対象６～７人

両手くらいの回数を選んだあなたは、**6～7人のライバルを目の前から消したい**とココロの底で願っている。でも、**敵それぞれを憎んでいるのでなく、その都度、気にいらないことがあるとボルテージがあがる**よう。それぞれの相手と本音で話し合うのは、面倒なので避けたい気持ちが強い。

D

敵をつくるのが得意なタイプかも 抹殺対象 10 人以上

10回以上使うと答えたあなたは、単純な思考パターンの人。**気にいらないとすぐに「嫌いだから、いなくなれ」と思うので、目障りなライバルも多くいるという傾向**に。でも、ちょっと親切な態度を取られると、「いい人だ！」と思って、気持ちも切り替わるので、抹殺対象がコロコロ変わる。

ライバルに思いもよらぬ負け方をした高慢な人は承認欲求が強い傾向

KEY WORD 承認欲求

寂しがりの目立ちたがり屋が承認欲求の強いタイプ

ライバルと互いに競い合えば、勝ち負けは必ず起きるもの。でも、納得できないようなふがいない負け方をした、負けて人に笑われたなどの経験があると、それを乗り越えて認めてもらいたい、という現象が起こる。この気持ちが「マズローの承認欲求」だ。

承認欲求とは、そもそも社会で生きている誰もが持つ基本的な欲求。でも、過度な欲求を持つ人が身近にいると、面倒に感じたり手を焼いたりすることになる。この承認欲求が強い人にはどんなタイプがいるかみてみよう。

代表的なのは、SNSなどで注目を集めてかまってほしいと考えている「寂しがり屋」タイプ。他人から評価されることで劣等感を紛らわせている。そして、他人より目立ちたい、すごいと思われたい「目立ちたがり屋」タイプ。「ほかの一般人とは違う」と強くア

人間の基本的な欲求、マズローの「欲求５段階説」

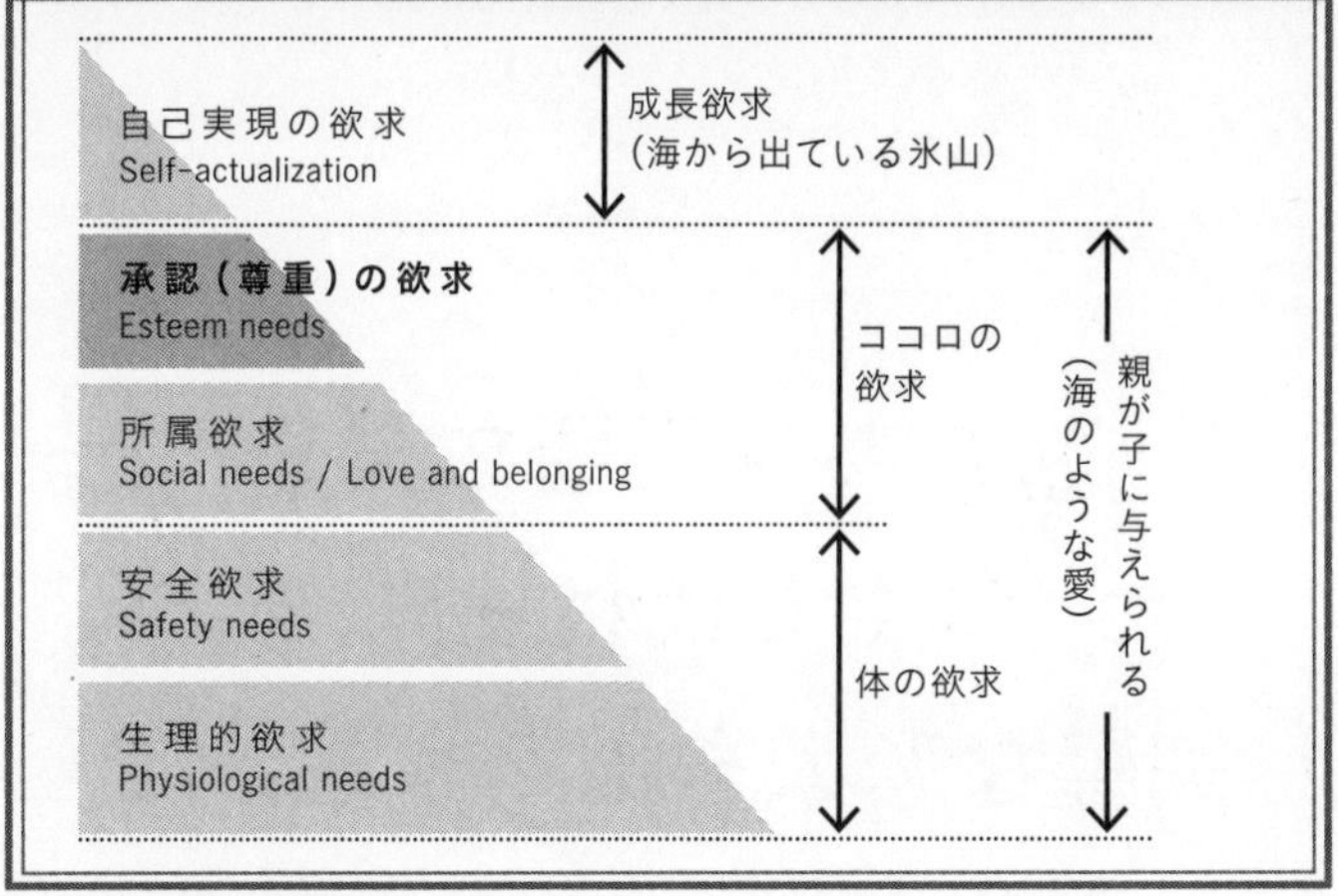

ピールし、突拍子もないことをやりがち。

また、承認欲求が強い人は「相手の話を聞かないのに同意を求める」「聞いていないのに自分のことばかり話す」「すぐ相手のせいにする」などの困る面を持つ。その一方で、「家族や身内を大切にする」「基本的に仕事をがんばる」「他人をほめる」などの面もある。

心理学 column

承認欲求がほどほどなら つき合いやすい友人に

承認欲求がほどほどなら、このタイプはつき合いやすく、仲間思いのいい友達になれる場合が多い。つき合う際には、ほめることがポイントで、コミュニティ内ではポジションを与えて、認めてあげる必要がある。

私たちは完璧な愛を
つくる代わりに、
完璧な恋人を探そうとして
時を無駄にしている。

小説家
トム・ロビンズ

第2章

その「愛」はホンモノかニセモノか？

丸わかり！「恋愛力」診断

気づいていない自分の傾向や意中の相手の好みを、心理テストで診断してみよう。自分の本音はもちろん、気になる人やパートナーの本音も丸わかり！

▼ QUESTION 11

あなたの自宅で女子会を開くことになりました。殺風景な部屋を華やかにするために、植物を飾ることにしました。あなたは何を飾りますか？

A
その日だけ華やかになればいいから、色とりどりの切り花

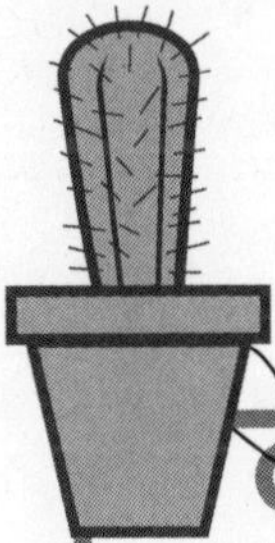

B
ずっとかわいがれるよう、鉢植えのサボテン

C
いつまでもきれいな、造花のバラ

ANSWER 11 ◀◀◀

好きな相手に接するときの態度が明らかに

「アプローチの仕方」がわかる！

A

異性の目を意識し態度や言動まで豹変するタイプ

異性の前では、**普段の自分よりかわいくみえたり、清楚にみえたりするように、態度、言動、性格までも変えようとするタイプ。特に好きな人の前では全力でよりよくみせようとがんばってしまう。**カップルになりやすいけれど、周囲の友人たちはあなたの豹変ぶりを冷ややかにみているかも。

B

意識していると悟られたくない！甘え下手タイプ

鉢植えのサボテンを選んだあなたは、周囲の誰にも**「異性を意識している」と悟られたくない甘え下手。親しい友達といても、いつもクールな態度を崩さず、好きな相手の前でも平静を装いがち。**そんなあなたも好きな人と2人きりのときは、サボテンの可憐な花のように相手に甘えることも。

部屋はあなた自身をあらわし、飾りたいと思った花の種類で、あなたが知らず知らずにやっている異性へのアプローチの仕方が出てしまう。

C

理想のイメージを決して崩さない演技派タイプ

バラの造花を選んだあなたの異性へのアプローチは、**素の自分ではなく演技で魅了するタイプ。普段から理想の自分をイメージし、それと違っていると不安になる**ことも。好きな人の前では相手の理想型になろうと全力を尽くすので、恋人同士になってもなかなか本当の自分を出せない。

繰り返しポジティブな内容の声がけで気になる相手を振り向かせる

KEY WORD 好意の返報性

"もったい"をつけることでスペシャルなあなたになれる

人間は誰でも誰かに認めてもらいたいという欲求を持っている。ほめられたり、気を使ってくれる相手には、自然と好意を抱くようになるといわれ、これを心理学では「好意の返報性」と呼ぶ。恋愛に応用する場合は、「その髪形、とてもすてきだよ」「今日はいつもよりオシャレしているね」などという具合にことあるごとにアプローチしてみよう。そういう相手は、気になるものなのだ。

声がけの内容は「いいね」「すごいよ」などで大丈夫。こちらからのポジティブなメッセージが伝えられればOKだ。

また、気になる相手から誘われたとき、うれしくてもすぐにOKするのでなく、最初は「先約がある」と返事を保留する。その後、「やはりあなたからの誘いだから、調整したよ」ともったいつけると、相手は「わざわざ調整

「ダブルバインド（二重拘束）」で断られない誘い方

ダブルバインドにも多種あるが、一度に2つの選択肢を送り、受け手がそのどちらかに応答しなければならなくなる状況をつくるという効果を利用したもの。

1. 具体例を示す

ご飯食べに行こうよ。
和食とイタリアンどっちがいい？

二者択一の選択肢をつくることが大事。

2. 相手に主導権をわたさない

もう一軒行く？
それともウチ来る？

相手の選択肢を狭めることで、自分の思うような状況をつくり出せる。

までしてくれた」と思い、ありがたみが増す傾向がある。あなたのことを相手に「特別の存在」と思わせるように仕向けることがポイント。

さらに、二重人格気味の演技をいれて翻弄すると、相手を振り向かせることができるかもしれない。

心理学 column

自分のことを話すと相手との距離が近づく

好きな相手のことを知りたい・親しくなりたいという場合は、まず自分のことを話すようにしよう。その「自己開示」によって、相手はあなたが自分に信頼感を持っていると思い、ぐんと2人の距離が縮まるはず。

楽しみにしていたキャンプですが、まったく楽しくない……。その理由はなんでしょう？

A

メンバーが嫌いな
人だらけだった

B

雨が
降ってきた

C

BBQの肉が食べ
足りなかった

D

少人数の開催
だった

ANSWER 12 ◀◀◀

恋に目がくらんで好きな人以外はみえない!?

「恋愛ハマり度」がわかる！

A

恋人のこと以外
何も構わなくなる
恋愛中毒度★★★★★

あなたは**恋愛至上主義者で、恋人と2人きりの時間が一番大切だと思っている**よう。恋愛以外のことはどうでもいいとおざなりで、恋愛中毒度はMAX。恋人ができると**熱く燃えあがるような恋愛をするけれど、いったん気持ちが冷めたら見向きもしない。熱しやすく冷めやすい**タイプ。

B

寂しいときは
絶対にそばにいて
恋愛中毒度★★★

天気がよくなかったことを選んだあなたは、**自分の感覚を大事にし、自分の希望を優先するよう恋人に求める**タイプ。身もココロも恋人にベッタリなので、恋愛中毒度はかなり高い。一緒にいたいのに恋人が仕事ですぐに来てくれないなど**思いどおりにならないと、すねたりむくれたりして大変。**

キャンプのシチュエーションでわかるのは、あなたの人づき合いの仕方。
そこから恋人との関係性、恋愛へのハマりやすさがみえてくる。

C

ココロは依存しないがベタベタしたい！ 恋愛中毒度★

肉は性欲の象徴なので、肉が食べ足りないと不満なあなたは**強い性欲の持ち主。**常にデートの一番の目的はセックスで、いつも恋人とは体を強く結びつけていたいと思っているのでは。なかには**セックス依存気味の場合もあるけれど、精神面では恋人への依存度は低いので、恋愛中毒度も低い。**

D

恋人以外の人づき合いも大切 恋愛中毒度☆

キャンプの人数が少ないことを選んだあなたは、**人づき合い全般を大切にする人。恋人を仲のよい友達や、身近な人たちに紹介して公認の仲になり、恋人も紹介したみんなと親しくなることを望む**はず。恋人への依存度は低いので、恋愛中毒になることはほとんどないタイプ。

尽くすタイプは恋愛中毒度が高い？それとも冷静で打算的？

KEY WORD 社会交換理論、共依存

依存度が高いカップルはDVにつながる可能性がアップ

恋人に献身的に尽くす女性は、恋愛中毒度が高いのだろうか？

「尽くすタイプ」には、誰にでも優しい場合と、好きになった人にだけ優しい場合が。前者は本当に天使のようだけれど、後者は打算的な気持ちが強い。打算から尽くす場合、見返りとして愛情や満足感を期待するものだ。

「社会交換理論」は恋愛のやりとりを「交換」として考え、「相手にしてもらったこと－《マイナス》相手にしてあげたこと＝満足感」となる。打算から尽くす場合、いかに満足感を得るかが問題になり、ココロのつながりができにくい。どうやら尽くすタイプは、恋愛中毒どころか、冷静に関係性を見極めていることが多そうだ。

　また、恋愛中毒と聞くと、恋人や夫からの暴力（ドメスティック・バイオレンス＝DV）を受ける状況をイメージするかも。この背景

「社会交換理論」は恋愛関係でもバランスがいい

人間は「これだけ尽くしたのだから、同じくらいの愛情をもらえるはず」と誰しもが思っている。

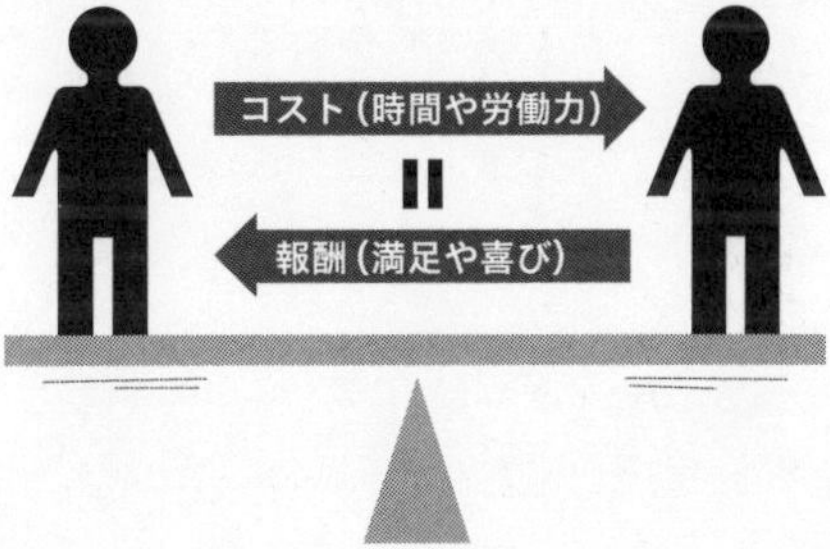

には、「私がいないと、この人はダメになる」という共依存からくる思いこみや、「私が悪いから暴力を振るわれる」と自尊心の低下から正しい判断ができない状況、経済的な理由や仕返しへの恐怖などがある。いずれにせよ、DVを受けるなんてとんでもないことなので、心当たりがあれば、専門機関などに相談を。

心理学 column

追いかける立場は状況的には圧倒的に弱者

追いかけられるより、好きな人を追いかけるほうが燃えるタイプもいるけれど、関係性から考えれば、追いかけられるほうが断然有利。逆に追うほうは立場が弱く、無理な要求を聞くようなつらい目にあうことになる。

会社で
よく飲みに行く
仲のいい同僚がいます。
その人と仲よくなった
きっかけは？

A

席が近かったら、
なんとなく……

B

同じグループで
厳しい研修を
乗りきったから

C

自己紹介のときに
おもしろかったから

D

はじめて会ったとき、
目が合ったのが
印象的だから

ANSWER 13 ◀◀◀

好きな人にはどっぷりハマりたい！

「ハマる異性のタイプ」がわかる！

A

自分から積極的にいけないあなたは堅実な人にハマる

自分から異性にガツガツいけないところがある、あなた。きっと好みの異性は、穏やかなイメージで、ゆったりと受け止めてくれるタイプ。ハマりやすいのは、**派手さがない堅実でマジメな人。近くの席から相手のことをみているうちに、その大らかで落ち着いた雰囲気に惹かれている**はず。

B

楽しい相手なら◎ つき合う異性のタイプはいろいろ

研修で楽しく共同作業をするうちに、打ち解けて仲よくなった。そんな答えを選んだあなたは、**一緒にいて楽しいと感じれば、相手の条件などは気にしないでつき合う傾向**が。「俳優の○○さんが理想」と言っていても、実際はまるっきり違うタイプもしばしば。**どんな異性にでもハマれるタイプ。**

仲よくなったきっかけで、どんな相手があなたの好みか判明。ハマる相手との両思いはいいけれど、ハマりすぎて溺れるのはコワイ！

C

相手の内面より学歴や収入など、条件のよさを重視

自己紹介を重視するあなたは、誰とでもそつなくつき合う社交性のある人。**社会的に認められたタイプに好感を持ち、外見で判断しがちなため、うわべだけよい人にハマる**ことも。学歴や職業、収入、家の財力などを気にする割に、相手の人柄や性格などの内面はあまり重視しないのは考えもの。

D

ハマる異性は性的な興奮を与えてくれる相手

目と目で何かを感じたという答えを選んだあなたは、**フェロモン全開の性的魅力あふれる人にハマりそう。**好きになるのは遊び人の男（悪女）が多いのでは。でも、こんな魅力的でも危険なタイプは、社会不適合者だったりする可能性が高く、幸せになりたいなら近づかないほうが無難かも。

頻繁に会うと相手への親近感がアップ
人間は単純な接触効果で好きになる

KEY WORD
対人魅力、親和欲求

「同郷同士や好みが似ていたり一体感を持つ相手にほれやすい」

社会心理学では、人の魅力のことを「対人魅力」と呼び、好き嫌いにかかわる4つの要因があるといわれている。

たとえば、何度も顔を合わせるうちに好きになる場合は、単純接触効果による「環境要因」。ただし、この効果は好きでも嫌いでもない場合に起こる現象で、ネガティブな感情を持つ相手に好意を持つことはないそうだ。

次に、不安や恐怖などを感じたとき、一緒にいる相手に好意を持つ「生理的覚醒」。強い不安があると、そばにいてほしいと仲間を求める気持ちが生じるのが親和欲求。これによって、恐怖や不安感のある状況で一緒にいる相手を好きになる確率が増す。

そして3つ目は「個人的な特性」。ルックスがよい、知的、有能、思いやりがあるなどの特性があり、特に外見のよさが相手の好意

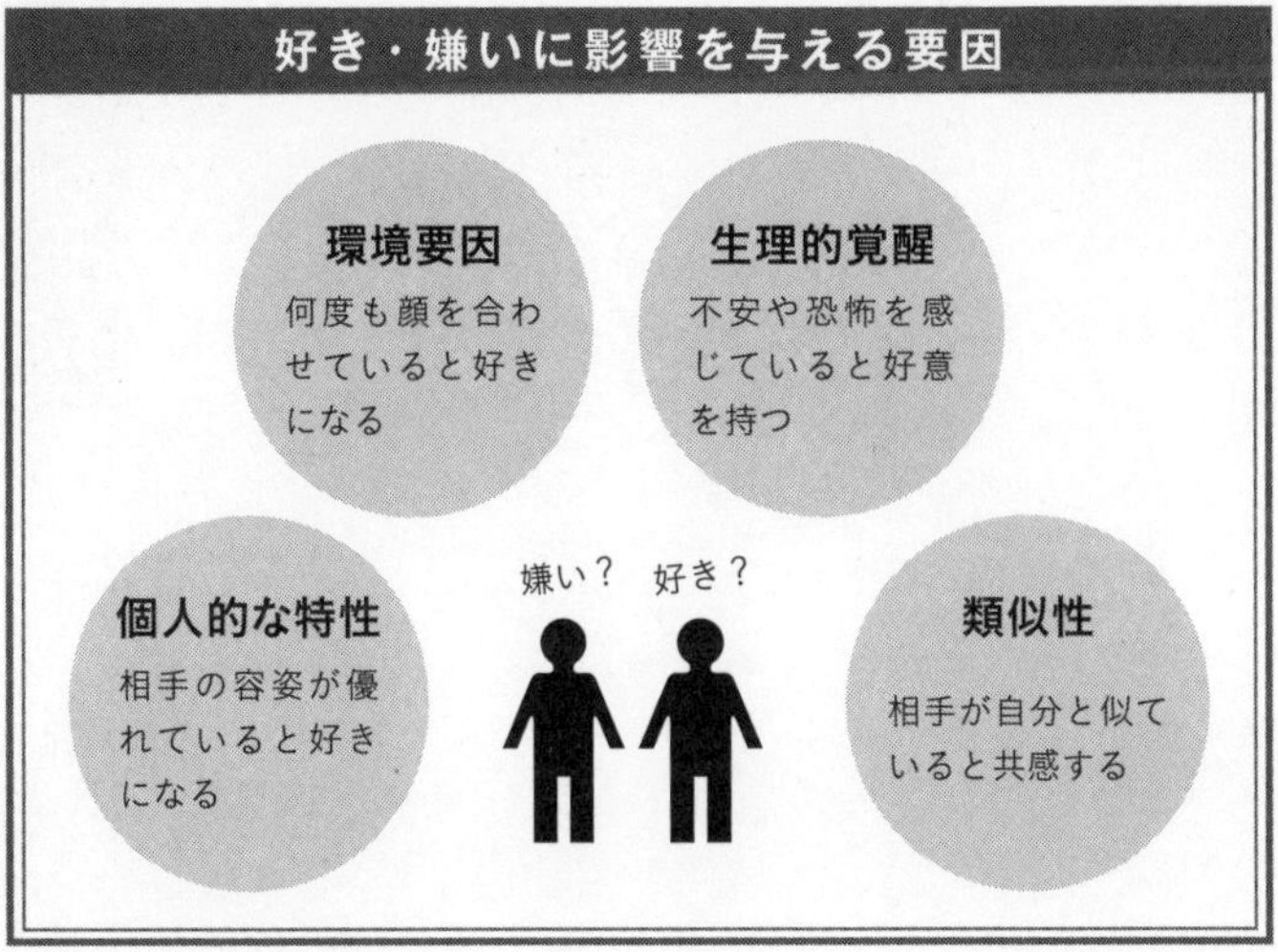
好き・嫌いに影響を与える要因
環境要因
何度も顔を合わせていると好きになる
生理的覚醒
不安や恐怖を感じていると好意を持つ
嫌い？
好き？
個人的な特性
相手の容姿が優れていると好きになる
類似性
相手が自分と似ていると共感する

をもっとも発生させやすいといわれる。イケメンや美女がモテるのは当たり前なのだ。

最後の要因は「類似性」。似たような経験をしたり、同じような態度を取ったりした相手に好意を持ちやすくなること。特に、同じ目標を持って物事に取り組むといった一体感を生む状況で、相手を好きになることがある。

心理学 column

ロマンチックな旅行先で運命の恋が生まれるかも

対人魅力から考えると、いい雰囲気で過ごせるすてきな旅先などは、まさに恋に落ちやすい状況。ビーチで出会って、近くのカフェで再会でもしたら、運命の人かもなどと考えて、一挙に恋の炎が燃えあがりそう。

あなたは
ペットを飼っています。
どんな生物？

A
熱帯魚

B
犬

C
猫

D
小鳥

ANSWER 14 ◀◀◀

度を超えた嫉妬深さはとってもコワイ……

「嫉妬深さ」がわかる！

A

ふられた場合は すぐにあきらめる 嫉妬深さ ほぼ0%

熱帯魚を選んだあなたは、飼う前の準備が必要でもオートヒーターで管理できるし、エサさえやれば大丈夫と安心している面が。本来、寂しがり屋で、生き物が同じ室内にいると癒やされる人。**嫉妬深さはなく、むしろ性格は淡白。相手が別の人を好きになったらアッサリ身を引く**タイプ。

B

お互いを尊重する 対等な関係が理想 嫉妬深さ 20%

人間の赤ちゃんと母親のように、犬と飼い主もみつめ合うことで親しさを確認し合っているといわれ、そんな犬を選んだあなたも**恋人と穏やかで良好な人間関係を望んでいるはず。嫉妬心は弱く、恋人とはお互いを尊重し気持ちを理解し合って、親密な関係を保ちたい**と思う傾向が強い。

ペットは一緒に暮らす同居者をあらわし、好きなペットを選べるという有利な状況から、あなたの嫉妬心の強さがじんわりとにじみ出る。

C

ツンデレが好き！でも我慢できずに嫉妬深さ80%

気まぐれでマイペースな猫を選んだあなたは、**とてもヤキモチ焼きで、好きな人の世話をあれこれ焼く**タイプ。つき合いはじめのころは、エサを与えれば必ず帰ってくる子猫だったけれど、発情期に入ったら、どこかへ行ったきりに。あなたは**心配と嫉妬心で安らぐときがなくなる**かも。

D

独りよがりで独占欲の塊！嫉妬深さ100%

小鳥を選んだあなたは、**相手を独占してすべてを支配したいと考えている。鳥かごのなかで小鳥が幸せに暮らせるかどうかは、自分しだいだと思っているので、強力な嫉妬深さを持つ。**恋愛関係でも相手のことを考えず、とにかく独りよがりのことが多い。

他者と自分を比較して優劣をつける嫉妬心に振りまわされたくない！

KEY WORD 嫉妬、自己嫌悪

誰でも持つ感情のひとつ嫉妬心から不幸になることも

強い嫉妬を感じると、その対象者と自分を比較して自己嫌悪に陥ったり、ついひどいことを言って相手を傷つけたりすることも起こる。嫉妬という感情はネガティブなもので、できれば感じたくないと思う人が多いはず。

うまく嫉妬という感情とつき合うためには、まず嫉妬のメカニズムを知ろう。嫉妬は、自分以外の誰かの影響下で起こる感情だ。自分の価値を他人と比べることで測ろうとした結果、「負けた」と判断することで芽生える。

嫉妬心は自然な感情で、多かれ少なかれ誰でも持つもの。嫉妬をするだけで周囲に迷惑をかけなければ問題ないけれど、自分にとってマイナスになる、以下のようなことを起こすこともあるので注意したい。

嫉妬を感じたことで、自分が不快なのは相手のせいだと責めたり、責任を取れと脅した

りする。負けた自分を責めて、価値のない人間だと感じて落ちこむ。恋愛関係で嫉妬を抱くと、相手に不信感を募らせ、嫉妬から自分を見失って事件になることも考えられなくもない。どれもが周囲も自分も不幸になるパターン。自分で気持ちをコントロールして、強い嫉妬にならないように気をつけたい。

心理学 column

嫉妬から抜け出すには他者との比較をやめる

嫉妬から解放されるには、まず比較するのをやめること。そして自分の価値を自分で認めることが重要なカギになる。人生は勝ち負けではなく、あなたはあなたであるというだけで特別な存在だから、自信を持とう。

あなたは錦織圭のような
世界的なテニスプレーヤーで
得意技はサーブ。
どんなサーブを
打ちますか？

A
サービスライン
ギリギリを狙い
打つ

B
力強くて、球の
スピードが速い

C
有名コーチ直伝
のテクニカル・
ショット

D
スピードは遅いが、
途中で曲がる
変化球

ANSWER 15 ◀◀◀

どんな手を使ってもライバルに勝つ！

「恋敵の蹴落とし方」がわかる！

A

情報操作は得意技 手段を選ばず 卑怯な手も使う

ラインギリギリという**際どいところを狙うあなたは、計算高い人。**恋敵の不利な情報を集めて相手には出どころがわからないように周囲に流したり、小さいことを大げさに言って恋敵の評判を落としたり……。**ライバルの評価を下げることで、自分をよくみせるという卑怯な手法**をとりがち。

B

撃退法は正面突破 思いきりよく 当たって砕けろ！

パワーで押すと答えたあなたは、**何事もストレート勝負が大好き**な人。恋の駆け引きなんて面倒だし、イライラしてしまうので、好きになったら一直線に告白するはず。**恋敵にも正々堂々と「あなたも彼が好きって聞いたけどホント?」などと聞いてしまう、ものすごくわかりやすい**タイプ。

ファースト・サーブは敵への攻撃の第一波。このとき、どんな手を打つかで、あなたが恋敵に対する攻撃方法・作戦がみえてくるのだ。

C

恋敵の友人知人にうまく取り入ってまわりから攻略！

あなたは、正面から挑んでいくことなんて信じられない人。**恋敵のまわりの人たちに取り入って自分の味方につけ、ライバルを孤立させたり、その一方で好きな人の友人知人の懐に入ってまわりから固めたりする。**この両面の作戦で、じわりじわりと恋の成就へと突き進むのだ。

D

うそをついて恋敵の動揺を誘う心理戦の上級者

変化球を使うと答えたあなたは、わざと恋敵に聞こえるように、「ショック！　私のこと、ぜんっぜんタイプじゃないって」などと**うそをついて油断を誘う。好きな人の前では、元気のないふりをして心配してもらおうとすることも朝飯前。腹黒い手を使っても、好きな人は手にいれたい**と考える。

「笑顔」「責任」「気遣い」の3本柱であなたの魅力はパワーアップ!

KEY WORD 内面磨き、印象磨き

魅力的になれば、好きな人に振り向いてもらえる可能性はアップするので、ダメもとで、自分磨きをはじめてみよう。

まずは内面磨きから。行動のポイントは安心感を与える「笑顔」、信頼感を与える「責任」、優しさを与える「気遣い」。これらに共通するのは無償の与えで、見返りを求めずに愛情を注げる人が、誰からも愛される人になれる。

次に印象磨き。誰でも脳のなかに好きなタイプのイメージ(印象)を持ち、それに似た

無償の愛で「内面磨き」好みのイメージで「印象磨き」

恋敵がいると身を引く、という人は少なくないかもしれない。特に、恋敵が自分よりもかわいかったり、スタイルがよかったりというルックスがいい相手だとわかった途端、「勝負にならない」とあきらめてしまう。

せっかく好きな人に出会えたのに、何もせずにあきらめるのはもったいない。恋敵より

相手をみると脳がその方向を向かせるそう。好きな人の好みのタイプを知って、自分の印象を近づける。たとえば好みの服装に変えるだけで効果があるので、さっそく実行してみるといい。

２つの自分磨きで自信を持てば、あなたの魅力に気づく異性がきっとあらわれるだろう。

心理学 column

勝負が終わればライバルは友になる？

大学での調査で、攻撃的なタイプにライバルがいることが多く、気が合わない相手だと考えているという。ただし、ライバルへの気遣いがあるという結果も。競い合った相手を尊重する気持ちが友情になることも。

QUESTION 16

飲み会が急にキャンセルになりました。おしゃれもしているし、残業もない金曜日の夜。あなたは何をしますか？

A
せっかくだし、
誰かを誘って
飲みに行く

B
ネイルやエステなど
自分磨きをする

C
おうちに帰って
電話やSNSで
友達とおしゃべり

D
ゲーム、ネットを
思う存分楽しむ

ANSWER 16 ◀◀◀

結婚が何かと気になる年頃のあなたに

「結婚へのハードル」がわかる！

A

不倫に走って結婚のチャンスを棒に振るタイプ

誰かを誘って飲みに行くあなたは、**つき合う相手は自分で選び、頼れるしっかり者だけれど、寂しがり屋の一面も**ある。プライドが高いからか、同世代の異性より一見**頼りがいのある既婚者に惹かれ、不倫に走るケースが多い。**そんな不毛な恋愛をしているうちに、結婚のチャンスを逃しそう。

B

条件のいい相手を追求するあまり適齢期を逃すかも

ネイルやエステを選んだあなたは、**自分の価値を引きあげたいという欲求が強い。**時間をかけてもチューンナップし、あわよくば玉の輿に乗りたいとねらう。**不安定な職業や、収入が少ない相手には見向きもしない。理想が高すぎると良縁を逃がすかもしれない**ので、現実をみることも忘れずに。

金曜日の夜の過ごし方で、結婚に向いているかどうかが判断できる。
結婚に興味があってもなくても、ちょっと試してみない？

C

友達の結婚で お尻に火がつけば 結婚へまっしぐら

同性の友人と恋愛トークなどで楽しく過ごすことが多いタイプ。**今は婚活を考えていなくても、友人のひとりが結婚するなど事態が変わると、自分もそれにのって合コンや婚活に精を出す**はず。**協調性があって異性の好みにクセがないので、婚活をするとすぐに相手がみつかる可能性は大きい。**

D

相手に合わせるより 自分の生活が大事 結婚スキルは低い

ネットやゲームを選ぶタイプは、自分ひとりで充実した時間を過ごせる人。**好きな人と一緒でも自分のペースを崩さず、相手に合わせるのは面倒**だと感じる。そんなあなたは基本的に結婚には不向き。でも、**誰かと暮らしたいと思うことが出てくるかもしれない。そのときは別居結婚がおすすめ。**

似た者夫婦になるのは外見が釣り合い考え方が似ている相手に惹かれるから

KEY WORD マッチング仮説（釣り合い仮説）、相補性説

美男や美女をねらうなら外見以外の価値をあげよう

人は外見的な魅力が自分と同程度の人を、パートナーとして選びやすい、というのが「マッチング仮説」だ。別名では釣り合い仮説とも呼ばれ、自分よりも魅力的な人に拒否されることを恐れて、同程度の外見の釣り合う人を選んでいるという。

でも、世のなかには不釣り合いなカップルもいる。このような場合は、外見だけではない部分で釣り合いをとっていると考えられるそうだ。たとえば、知性や財力、またはたぐいまれないい性格などというところに価値を見出だしているのだろう。外見的に不釣り合いな人とカップルになりたいなら、外見だけではない部分もグレードアップするように努力すれば効果があると考えられる。

また、趣味や好みが一緒だと親近感を感じやすいし、考え方が似ているとココロを許す

可能性が高く、打ち解けて仲よくなれるもの。ケンカになった場合でも、思考法が似ているので解決の仕方もお互いにわかるし、仲直りも早いそうだ。このように、性格や行動パターンなどが似ている者同士は惹かれやすいことから、似たもの夫婦が増える結果につながっているといえそう。

なぜ相手が同調すると好意が生まれるのか

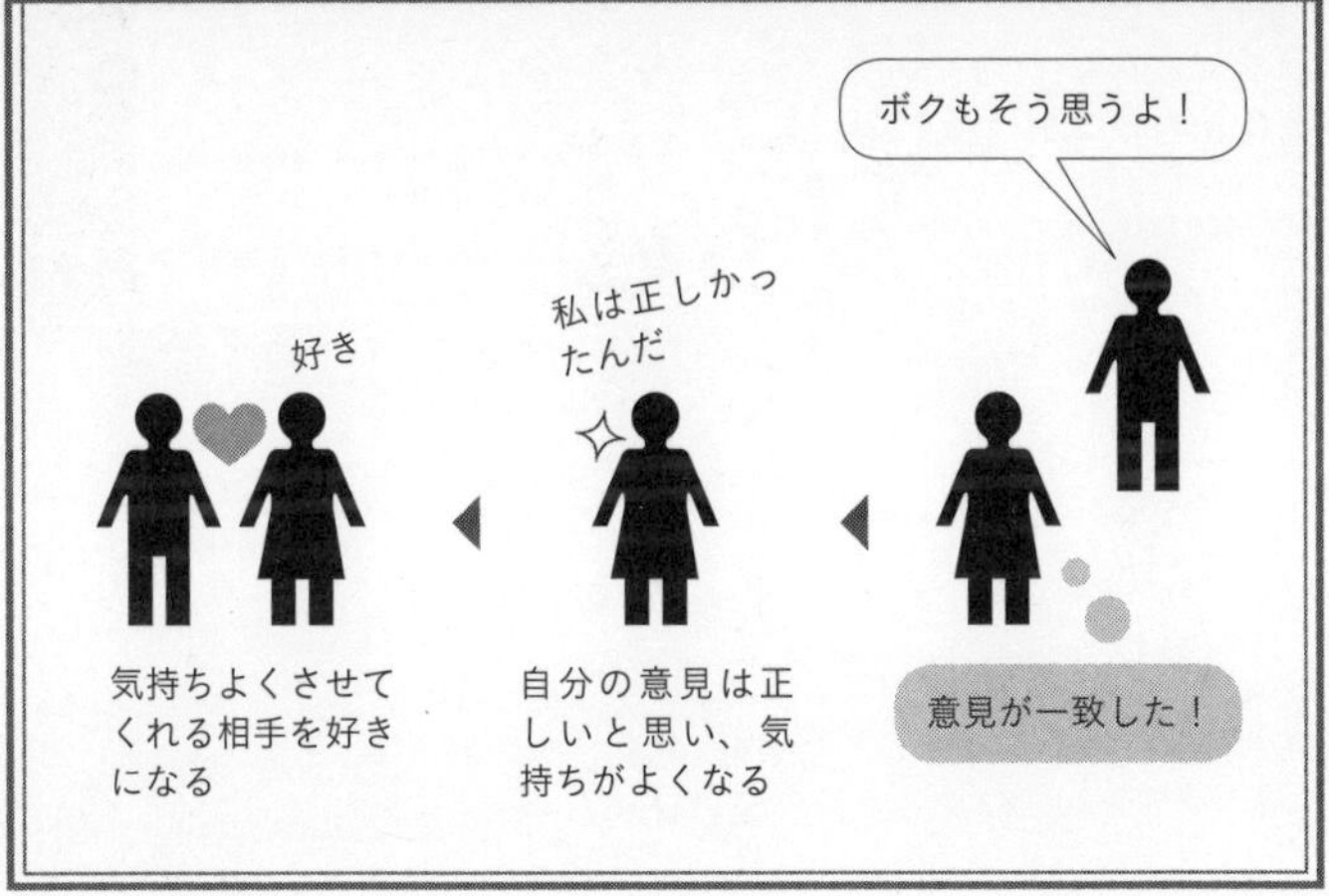
ボクもそう思うよ！
意見が一致した！
私は正しかったんだ
自分の意見は正しいと思い、気持ちがよくなる
好き
気持ちよくさせてくれる相手を好きになる

心理学 column

正反対の性格のほうが円満夫婦という相補性説

違うタイプのほうが結婚生活はうまくいくという説もある。そのような夫婦には、支配的＆服従的、援助好き＆援助を受けたがるといった正反対の性格がみられる。足りない部分を補うので、円満なのかもしれない。

QUESTION 17

占い大好きなあなたが最近ハマってしまった占いは？

A　血液型占い

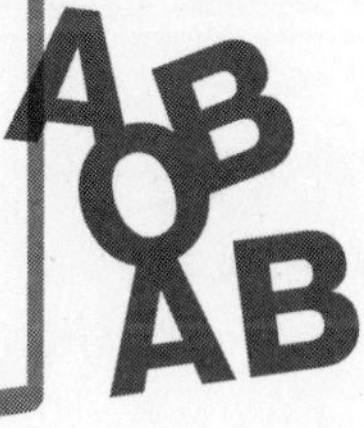

B　タロット占い

C　手相占い

D　姓名判断

ANSWER 17

ドロドロの愛憎劇のヒロインになりたい!?

「恋愛のトラブル」がわかる！

A

恋愛関係にまでいっていないのでトラブルに縁なし！

血液型のような持って生まれた偶然を信じるあなたは、相手との偶然の一致を重視。**上も下も年齢が異なる相手が苦手で恋愛対象からはずす。たとえ同年代でも、異なった考え方や意見を受けいれられない。**価値観が違う相手が怖いと思う面があり、今は恋愛関係未満でトラブルの心配なし！

B

ジェラシーの炎が燃えあがったら見境なくトラブルに

タロットカードの意味を感じ取るように、自分の感性を信じる人。**同時に、異性に注目されたいという欲求が強く、嫉妬心はかなり強い。**もし、恋人やパートナーがほかの人と仲睦まじい様子でいるのをみかけたら大変！**公衆の面前でも、ヒステリックに泣き叫んで、恋人や相手を攻撃**する。

選んだ占いの種類は、あなたが信じているものを象徴している。信じているものに裏切られたとき、そこに恋愛の修羅場が出現する！

C

直感だけに頼って交際相手を選ぶとだまされて修羅場

手相や人相を選んだあなたは、**自分の直感を信じる人**。**つき合う相手は直感で決めてきた**のでは？　でも直感に頼るのは危険で、「あの人はやめておきなよ」などと忠告されているかも。このままだと、お金にルーズで女グセも悪いなんて**最低な相手にだまされて、修羅場を演じる羽目になる。**

D

ダメ人間との問題のある共依存DVにも注意して

名前という不変のもの＝**運命を信じるあなたは、「赤い糸の伝説」に憧れている**はず。こういうタイプは、他人の面倒をみたがり、「私がいないとこの人は生きていけない」と**ダメ人間に依存しやすい傾向**がある。ドメスティック・バイオレンスの被害者にもなりやすいので注意が必要。

ヒドイ恋愛・相手にハマってしまうことは特別なことでなく誰にでも起きる

KEY WORD 認知的不協和

ごくたまに与えられる優しさが麻薬のようにあなたを縛る！

最初に、サルで行われた実験の結果をみてみよう。課題を達成したら報酬が与えられるという実験を行ったところ、課題を達成しても報酬を与えないとサルは作業をやめた。

次に、課題の達成とは無関係に報酬を与えたところ、サルは報酬をもらえなくても課題をやり続けたという。予想どおりに与えられる報酬より、ランダムにもらえる報酬のほうが脳内快楽物質のドーパミンが多く分泌されるからだ。この場合、途中でまったく報酬を与えなくなっても、サルは課題をやり続けた。

ダメ人間は、この報酬と同じようにランダムに優しさを与えている。その優しさのせいで、相手に尽くすことをやめられず、離れられなくなってしまう。

もうひとつは「認知的不協和」。言動などを注意されて不快になったとき、自分を肯定

するためにその意見を否定し、ますますのめりこむ現象だ。ＤＶを忠告されたとしても、たまに優しくされると「本当は、彼は優しい人！」と思いこむことでココロを落ち着かせ、現状を維持して余計に離れられなくなる。
このような状況にハマりやすいタイプはいるけれど、誰もがハマる可能性を持っている。

心理学 column

ダメ男にハマる人の特徴は以下の４つ

恋愛中の自分を制御できずに客観性のない人。熱しやすく冷めやすい、本能で行動する人。相手の顔色をうかがって、他人に流されやすい人。他人のネガティブな感情に弱く、好きでもない人とつき合ってしまう人。

QUESTION 18

あなたは恋人から
キャンディーを
もらいました。
そのキャンディーは
どんな種類?

A

黒糖の
キャンディー

B

ぶどう味の
キャンディー

C

いちご味の
キャンディー

D

サイダー味の
キャンディー

ANSWER 18 ◀◀◀

甘いキャンディーのようにとろけたい！

「フェロモン放出度」がわかる！

A

隠れセクシー！フェロモン放出度やや多め

黒はすべての光を吸収する色で、ほかの色への影響も大きい。黒を選んだあなたは**自分に自信があり、異性からの誘いを気にいらなければキッパリ断る人。そんなクールな態度を魅力的だと感じる異性は多そう。**自分ではセクシーではないと思っていても、フェロモンを多く放出しているタイプ。

B

二面性が魅力的フェロモン放出度最大級！

紫は動の赤と静の青という正反対の意味の2色が混ざり合った色。高貴と下品、安心と不安などの二面性をあらわし、性的なイメージを持つ。この色を選んだあなたは、**フェロモンの放出度MAXのセクシーな雰囲気をまとう**タイプ。また、紫は癒やしの色でもあるので、性格は穏やか。

キャンディー&好みの色は欲望を象徴し、セックスアピールがどのくらいあるか、あなたのフェロモン放出度が丸わかり！

C

積極的な肉食系 フェロモン放出度 かなり少なめ

太陽や炎のイメージの赤は、エネルギーや強い刺激、闘争心などの象徴。この色を選んだあなたは、間違いなく**肉食系で活動的な人。恋愛にかんしても好きな人には一直線だけれど、飽きっぽいところがあって熱しやすく冷めやすいタイプ。明るく元気でセクシーさは低く、フェロモンも少なめ。**

D

知的で誠実派 フェロモン放出度 ごく少ない

サイダーの青は青空の色に近く、解放感や希望などをあらわし、興奮を抑えて気持ちをリラックスさせるイメージ。そんな青を選んだあなたは、**落ち着いた雰囲気でマジメな人。知的でフェロモンの量も少ない。**ただ意志が弱いところがあり、強引な誘いに負けて不倫関係に陥るなんてことも。

人の性格に色の好みが投影され生活のなかでも色の効果が影響

KEY WORD 色彩の心理、色の効果

真っ赤な部屋と真っ青な部屋で体感温度は3度も違ってくる！

色彩の心理学では、色の好みと性格にはある程度の関連性があり、左の表にあるような一面がみられる。表にない色では、黒が好きな人は現代的でナイーブなセンスを持ち、オシャレな人。その一方でプライドが高く孤独を好む傾向がある。また、白が好きな人は正義感が強く、理想主義的な面もあり、お人好しなために利用されやすいことも。

性格だけでなく、日常生活のなかでも色の効果によって影響を受けることがある。

たとえば、赤い部屋と青い部屋では体感温度が3度も違うという。赤は脳を興奮状態にして血圧や脈拍、体温をあげる。青は脳を落ち着かせて血圧などを下げ、衝動的な行動を抑える作用を持つ。暖かみを演出したい冬はインテリアを暖色系でまとめ、夏は寒色系でまとめるなど、色の効果をうまく使いたい。

好きな色でわかる性格

赤 が好きな人

何事にもアクティブでチャレンジ精神が旺盛。物欲や権力欲が強く、勉強や仕事にも意欲的に取り組む。ただし興奮しやすく、感情を爆発させる傾向もある。

ピンク が好きな人

優しさや思いやりを大切にするタイプ。他人を助けてあげることが好きで、ときに自分の時間や労力を犠牲にしても助力を惜しまない。おせっかいな一面も。

黄色 が好きな人

明るくオープンな性格でコミュニケーション上手。何事もポジティブに考えて、楽しく努力するタイプ。ユニークでありたいと考える。礼儀正しい一面もある。

緑 が好きな人

落ち着いた性格で、周囲との協調を一番に考えて行動するタイプ。何事にもコツコツと忍耐強く取り組み、自分を見失うことはないので手堅く成功する。

青 が好きな人

もの静かで理性を大切にする人。ルール違反やズルをするのは嫌いで、誰に対しても誠実な姿勢で接する。信頼できない人とはできるだけ接点を持たない。

紫 が好きな人

繊細で感性の鋭い性格の持ち主。論理よりも感覚で物事をとらえ、豊かなイマジネーションの世界に生きている。ロマンチスト、ナルシスト的な傾向が強い人も。

茶色 が好きな人

温厚で包容力がある、器の大きな人。ギラギラしたところがなく、つい頼りたくなるような安心感を持っていることが多い。責任感があり、人づき合いが上手。

グレー が好きな人

目立つことや自己主張することを好まない代わりに、自分の領域を侵されるのも嫌いなタイプ。大きな成功や財産よりも、自分の居心地のいい空間を守る。

▼QUESTION 19

あなたは猫を飼っています。
その猫の寝床はどこですか？

A あなたと一緒に
寝ている

B 同じ部屋に
置いてある
猫専用のベッド

C 違う部屋に
置いてある
猫専用のベッド

D うちを出て、
ほかの猫と
一緒に寝ている

恋人でもちょうどいい距離感は人それぞれ

「恋人との距離感」がわかる！

A

**いつでも一緒で
離れたくない！
距離感0**

一緒に寝ていると答えたあなたは、**年中ベッタリしていたいタイプ。つき合ってすぐに同棲することも多く、朝から晩までイチャイチャするのが理想。**仕事などで相手と離れているときは、たいてい相手が「何をしているのかな？」と考えているのでは。嫉妬深いところがあるので気をつけよう。

B

**一緒にいたいけど
年中ベッタリは×
距離感はほどほど**

同じ部屋の専用ベッドというあなたは、**一緒にいないと安心できないタイプだけれど、かといってずっと一緒はシンドイと思って疲れを感じてしまう**人。ベタベタするのはほどほどで満足できるため、あまり乗り気でないときにグイグイこられるとドン引きするなんて、わがままな一面がある。

猫は恋人をあらわし、寝る時間はリラックスタイムのイメージ。ここからわかるのは、あなたが居心地のいいと感じる恋人との距離感。

C

必要なときだけ 一緒にいたい 自己中な距離感

別の部屋の専用ベッドというあなたは、自分中心に考えがちな人。**自分が恋人を必要とするときだけ、一緒にいてくれればいいと思っていて、逆に恋人が自分を必要としていても、自分がそうでなければ会いに行かない**タイプ。片時も離れたくないという異性とは、うまくいかない可能性が高い。

D

デートするより 自分の時間が大事 たまに会うのが○

別の家と答えたあなたは、恋人との距離感という前に、**好きな人でも一緒に暮らすなんて考えられない。**恋人がいなくても、今のところなんの不満もない。**自分の時間が一番大事**なため、恋人がいたとしてもデートにあまり時間をかけたくないし、スキンシップもごくたまにでOKというタイプ。

物理的な距離を縮めることで友達から恋人へステップアップ！

KEY WORD パーソナルスペース

満員電車や混んだエレベーター狭い空間はいるだけでストレス

他人に入ってこられると不快に思う距離感を「パーソナルスペース」といい、相手との関係性が濃いと狭く、薄いと広くなる。

特に、満員電車や混んだエレベーターのなかで感じる不快感は、パーソナルスペースで説明できる。見も知らぬ人に、自分のエリアにズカズカ入ってこられるのだから、これは相当ストレスフルな状況だ。狭いエレベーターのなかで階数表示をじっとみつめるのは、他者がパーソナルスペースにいるストレスを、ほかのことに集中して紛らわそうとする行為。また、パーソナルスペースには男女差があり、一般的に男性は広く、女性は狭い。

恋人になりたい場合、効果的なのはできるだけパーソナルスペースを近づけること。ただし、相手がそれを望まないときは嫌われることになるので、様子をみて近づこう。

相手への親密度がわかる「パーソナルスペース」

日常生活のなかで使われている距離には、大きく分けて4種ある。親密な関係性の相手ほど距離は近づく。

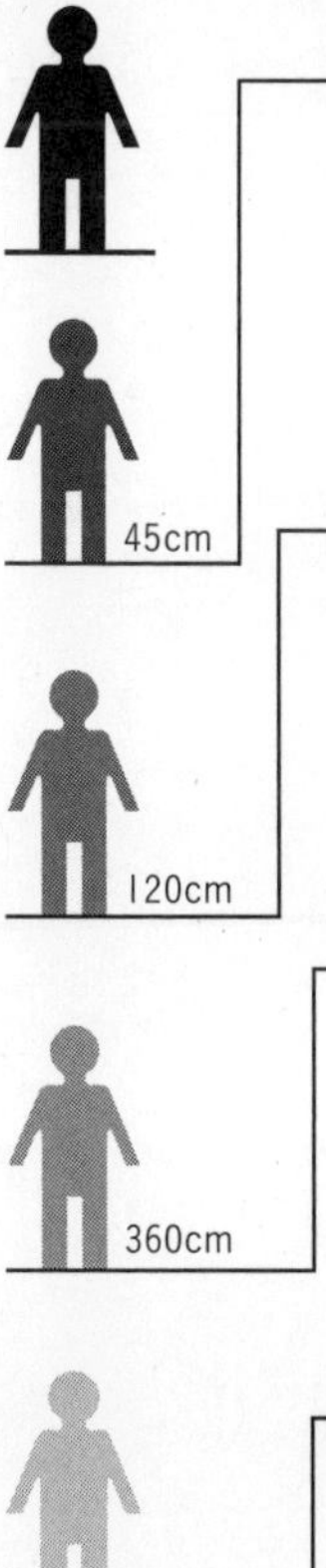

親密な人との密接距離

近接相　0～15cm。視線を合わせたり、においや体温を感じたりすることができる。

遠方相　15～45cm。手が届く距離で、親しい人同士なら不快にはならない。電車など、他人の場合は近づいてストレスになる距離。

相手の表情が読み取れる個体距離

近接相　45～75cm。どちらかが手や足を伸ばせば、体に触れることができる。

遠方相　75～120cm。両者が手を伸ばせば指先が触れ合う距離。私的な交渉事はこの距離で取ることが多い。

ビジネスに適した社会距離

近接相　120～200cm。相手に触れたり、微妙な表情の変化を見ることができない。会社などで客に対応するときの距離感。

遠方相　200～360cm。公式な商談や面会はこのくらいの距離をとる。

個人的な関係が希薄な公衆距離

近接相　360～750cm。相手の様子はわからず、個人的な関係は成立しにくい。

遠方相　750cm以上。言葉の細かいニュアンスが伝わりにくく、身振りなどが中心となる。

▶ QUESTION 20

あなたはかぐや姫です。
おつきの月のうさぎから
「ちょっとどこかへ
旅に出ます」
と言われたら
どうしますか？

A

「私も連れて行って！」と
一緒に旅に出る

B

哀しさのあまり、
泣いてしまう

C

びっくりして
言葉が出ない

D

「行ってらっしゃい！」

と明るく送り出す

失恋のショックの受け止め方に人間性が出る

「ふられたときの言動」がわかる！

A

ふられた事実を受けいれられずすがりつくタイプ

一緒に行くと答えたあなたは、**別れを受けいれられず、すがりつく**タイプ。ふられるなんて思いもせず、絶対に納得しない。恋人が去っても、それがリアルだと受けいれられないまま、妄想のなかでは恋人関係が続くはず。**気持ちを整理できないでいると、最悪の場合はストーカー化**することも。

B

失恋の痛手から泣き暮らす引きずるタイプ

泣いてしまうと答えたあなたは、愛情深く、感情的になりやすい人。実際に**別れてから数日経っても、失恋の悲しみにくれている**タイプ。もし、ふった相手からまた会いたいと虫のいいことを言われたら、ココロの優しさから会ってしまいそう。でも、**引きずりたくないなら会わないことが一番！**

繁殖力の強いうさぎ（＝愛・性欲）が旅に出ることは、恋人との別れを象徴。あなたがふられたときにどういう言動を取るか判明する。

C

とにかくすべて相手が悪いというタイプ

言葉も出なくなると答えたあなたは、**ふった相手をとことん悪く言い、自分は悲劇のヒロイン（ヒーロー）だと思いこむ。**実際、別れた理由が相手の浮気だった場合、浮気相手に文句を言いに行く、周囲の人にどんなにひどい目にあわされたか聞いてもらうなどの行動に出る可能性が高い。

D

過去の恋は一切引きずらない前向きなタイプ

旅に出る相手を送り出すように、あなたはふった相手にも「わかった」と告げられる人。**サバサバした性格で過去の恋を引きずらないタイプなので、もし、よりを戻そうとアプローチされてもその気なし。**新しい恋に踏み出しているか、恋はしていなくても別の興味があることをみつけているはず。

失恋を人のせいにするタイプのほうが立ち直りが早いわけは？

KEY WORD　内的統制型、外的統制型

「くよくよ悩むだけではなく気持ちの切り替えも大切なこと」

好きな人にふられて大ショック。そんなときは早く立ち直りたいもの。心理学的には、どうすれば効果的なのだろう。

思いどおりにいかなかったとき、その原因をどこに求めるかで、「内的統制型」と「外的統制型」という2つのタイプに分かれる。「失恋したのは自分のせい」などと原因を自分の内面に求め、自分のよくないところを反省するのは内的統制型。一方で外的統制型は、「2人の相性が合わなかった」などと原因を外的要因に求め、あまり反省はしない。

内的統制型のほうがなかなか立ち直れないタイプで、くよくよ悩む傾向がありストレスもためやすい。でも、反省を活かして同じ間違いをしないようにできる。対する外的統制型は立ち直りが早いけれど、反省しないために同じ失敗を繰り返す傾向がある。

恋愛がうまくいく！　考え方

	恋がうまくいったときの考え方	恋が失敗したときの考え方
外的統制型	●運がよかった ●タイミングがよかった ●落としやすい人だった	●運が悪かった ●相手がよくなかった ●相手がそういう気分じゃなかった
内的統制型	●自分の愛情が伝わった ●自分が魅力的だった ●頑張りを認めてもらえた	●尽くし方が足りなかった ●相手の好みになりきれなかった ●タイミングの悪いときに連絡してしまった

どっちがいいかではなくて、バランスのいい考え方をするのが早く立ち直るポイント。自分の反省する点は反省をし、次へつなげる。そして、うまく気持ちを切り替えるようにしよう。もし、これらを実行して立ち直れなくてもご安心を。時間が解決してくれることが、心理学的にも証明されているそうだ。

心理学 column

失恋ソングの熱唱で悲しい気持ちもスッキリ

ふられたときは、カラオケで失恋ソングを歌うという人もいるだろう。これは立ち直りに効果的。歌いあげたり、聞いたりすることで悲しい気持ちが昇華され、カタルシスを得る。気持ちがスッキリしてくるのだ。

性本能なしには
いかなる恋愛も存在しない。
恋愛はあたかも
帆船が風を利用するように、
この粗野な力を利用する。

哲学者
オルテガ・イ・ガセー

第3章

自分や恋人は「普通」？　それとも……「変態」!?

性癖がバレバレ！「セックス力」診断

本能的かつ究極のコミュニケーションであるセックスだからこそ、相性のマッチングは重要だ。心理テストで気になるあの人の趣味も丸裸！

海水浴にきています。
向こうから
「サメが出たぞ〜！」
という声が聞こえました。
サメの大きさは
どれくらいだと思いますか？

A

普通のサイズ「2 メートルくらいかな?」

B

普通よりすご～く大きい !!「4 ～ 5 メートルありそうかな?」

C

普通より大きい！「3 メートルくらいかな?」

D

普通より少し小さい「1 メートルあるかな?」

ANSWER 21 ◀◀◀

みた目で判断できないスキモノはあなた？

「隠れH度」がわかる！

A

欲望の大きさや経験の数も標準的 隠れH度は普通

標準サイズのサメを選んだあなたは、**隠れH度も標準的。純情というほどではないけれど、まだ発展途上で開発しがいがあるタイプ。欲望もそれなりにあり、ちょうどいい感じ。**でも、本当のあなたはもっと情熱的なはず。今後、ココロを解放してくれる異性との出会いでH度が開花するかも。

B

大きすぎる欲望で危険な状態かも!? 隠れH度は超ド級

巨大なサメは、あなたの欲望の大きさを象徴している。**誰かとHがしたくてしょうがない状態か、なかなか手に入らないような相手を好きになって悶々としている**のかも。ひとりHが好きなら、今は自分で自分を慰めるか、セフレでガマンするか。どちらにせよ、巨大な欲望を落ち着かせよう！

ほかの魚を捕食するサメの大きさは、あなたの性欲や欲求不満の大きさとバッチリ比例する。ムラムラしているかどうかがわかる。

C

遊んでいるようにみえなくても隠れH度は高い！

普通よりちょっぴり大きいサメを選んだあなたは、**やや欲求不満気味。異性とデートするか、スポーツや趣味、仕事に打ちこむなど、何かで発散**しよう。あなたは**かなりの隠れＨ度で、セックスの経験も豊富そう。**でも、けっこう遊んでいるわりにスレてみえないようでイメージは悪くないはず。

D

現状に満足かHに対して無欲隠れH度はゼロ

あなたは、**今のところ欲求不満をまったく感じていない**人。すてきな恋愛をしていて、十二分に満たされているのかもしれない。または**草食系でＨにもともと無欲。**恋愛に対して無菌状態でＨとは縁がなかった場合は、実は耳年増な一面もありそう。これから本当のＨ度がわかってくるだろう。

あなたにとって最高のセックスとは？想像することで自分の状態がわかる

性欲のピークが男性は20代に女性は30代のときにくる

性欲の強さは個人個人で違うけれど、男女による違いもある。

一般的に男性の性欲は、10代の頃から伸びてピークは20代前半〜半ば。その後は下降し、セックスよりもココロの結びつきなどを重視する。女性の性欲は遅咲きで、ピークが30代半ばで、それが40代半ばまで続く。

KEY WORD 性欲のピーク

だから、同年代のカップルではセックスに対するアンマッチが起こる。20代前半同士なら、男性はデートですぐにホテルに行ってセックスをしたくてたまらない。でも、女性は楽しいおしゃべりや、ロマンチックなところでデートなどをしたいのだ。こんな男女の違いがあると知っておくだけでも、つき合う上でお互いの理解が深まるのでは。

また、「最高のセックス」を想像することで、自分が性的にどんな状態かわかるそう。

男女の性欲とピークの違い

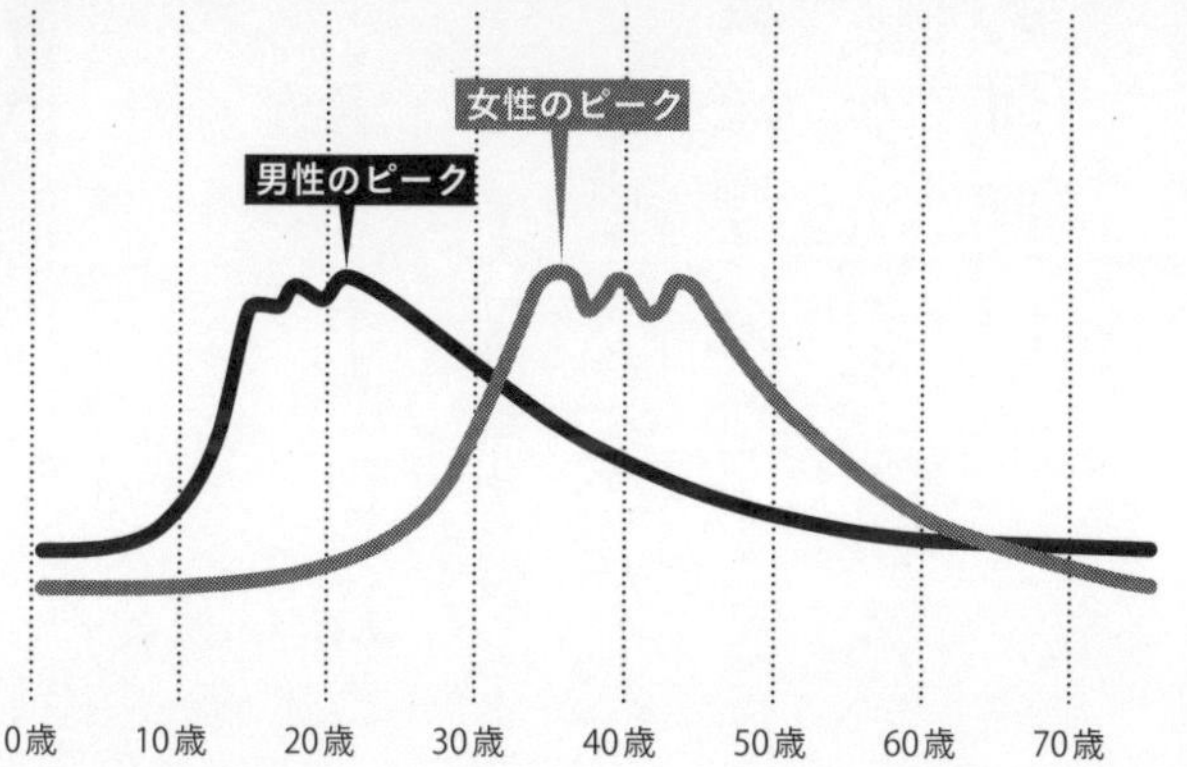

相手を想像して、場所や時間、どうセックスするかなど細かくイメージする。それが現実と離れていればいるほど、欲求不満ということに。もし、まったく想像できない場合やセックスのことを考えていて嫌悪感が出てきた場合は、性的なものに対して抑圧された気持ちが存在するのかもしれない。

心理学 column

恋愛話などで盛りあげて少しずつ心を開放

性的な興奮の仕方には、男女差が大きい。男性は性的なモノをみるとすぐに興奮するけれど、女性は徐々に興奮してくる。恋愛話やボディータッチで時間をかけて、気持ちを盛りあげればその気になるのだ。

QUESTION 22

パートナーが見知らぬ異性と
親しくしていたのを偶然、
みてしまったあなた。
これは浮気か……!?
浮気を決定づける、
次の証拠は？

A

セックスのときに
違和感があったら

B

相手が知らない
異性と楽しそうに
電話していたら

C

自分と違う香りが
相手からしたら

D

一緒に行っていな
い映画のチケット
や何かの領収書を
発見したら

ANSWER 22 ◀◀◀

前からも後ろからも上に乗るのも好き!?

「お好みの体位」がわかる!

A

後ろから激しく攻められたい!後背位好き

自分の**性的な衝動や本能に忠実なあなた。動物のオスとメスのように、バックスタイルで快楽に身をよじらせるのが好き。**セックスのときは快感だけに身を任せたいので、愛の言葉なんて不要だと思っているかも。後ろから攻められていくうちに、快感の波が押し寄せ、大きな声であえぎそう。

B

ピッタリお互いに体を密着して行う対面座位で感じる

あなたは、**Hなことを想像するのが好きな人。日常的に自分の妄想にドキドキして、体の芯が熱くなってしまうなんてことも**あるのでは。そんなとき、異性に誘われたらHもOKしそうな傾向が。**抱き合ってお互い体温を感じながら愛を交わせる対面座位で、思いっきり乱れるのが好き**なタイプ。

浮気に気づくきっかけで、あなたが好きな体位がわかる。浮気というやってはいけないものを暴く理由が隠れた欲望につながるわけ。

C

下から感じている私をみつめて！騎乗位好き

女王様タイプでプライドが高く、嫉妬心が強い人。ナルシストでもあり、感じている自分をきれいにみせたいと演技をすることもある。**セックスの気持ちよさで身を震わせる姿をみられることで、ますます燃えるので、騎乗位が一番！** 下から自分の姿をみられつつ、相手の反応もわかって最高。

D

清潔なところでセックスしたい！正常位で今は満足

物事の細かいところが気になる**神経質なところがあり、潔癖症気味なので性的に奥手。清潔なベッドで正式な恋人と、普通のセックス以外は嫌なタイプ。好きな体位も普通の正常位。**今は正常位だけで満足しているけれど、徐々にほかの体位にも興味が出て2人で試したくなるかも。

正常位好きは安定した収入を得られ仕事をバリバリするのは後背位好き

KEY WORD 正常位、騎乗位、後背位

騎乗位好きの男性は甘えん坊でM気がある傾向

前ページでは選んだ答えで好きな体位を診断した。ここでは、好きな体位で恋人の性格や将来性を診断していこう。

まずはオーソドックスな正常位が好きな場合。マジメな性格なので仕事にも恋愛にも一生懸命に取り組み、まずまずの安定した収入を得られるタイプ。お互い顔をみながら愛を確かめられる体位なので、あなたを大切にするはず。仕事の上でも上司や同僚に気遣いができ、良好な人間関係を築くだろう。

女性が上になる騎乗位が好きな場合は、彼のほうが年上でもあなたに甘えたいタイプで少しM気があるかも。甘えたいのはセックスのときだけでなく、生活全般にわたる。仕事をがむしゃらにやって、俺が稼ぐという気持ちはなく、仕事は定時で終わらせてプライベートを充実したいと考えていそう。

後背位が好きな場合は、自信にあふれてサービス精神旺盛な人。セックスの最中も腰を使いながら、胸をさわったり背中にキスしたりあなたを喜ばせようとする。それは仕事ぶりにもあらわれて、精力的なはたらき方をするだろう。恋愛よりも仕事優先になりがちだけれど、出世欲があるので仕方がない面も。

心理学 column

母と子の愛着形成と同様正常位でも愛着が確立!?

正常位は相手の表情がわかり、互いに正面から抱き合える。人間が生後すぐに獲得する、表情の確認と抱擁と重なるもの。赤ちゃんが母親との愛着で自己を確立するのと同様、男女の愛は正常位で確立されるのかも。

▼QUESTION 23

あなたの恋人は、どうやらスパイ!?疑うきっかけになったものは?

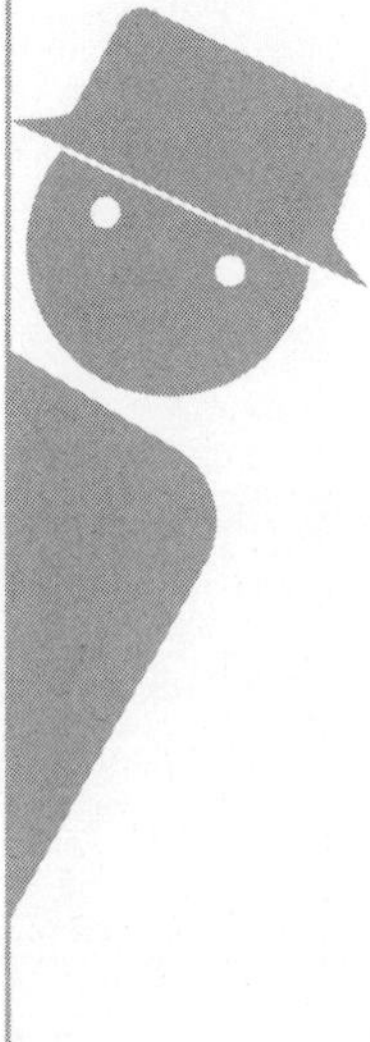

A

1億円はありそうな札束が入ったバッグを持っていた

B

映画のようにピストルを携帯していた

C

暗殺計画がしたためられた秘密の書類を持っていた

D

偽造パスポートをいくつも持っていた

ANSWER 23 ◀◀◀

一度でいいからこんなHをしてみたい!?

「燃えるシチュエーション」がわかる！

A

ゴージャスなスイートルームで有名人とHしたい

あなたは**リッチでゴージャスなシチュエーションに興奮する**タイプ。場所は高級ホテルや豪華なクルーズ船の客室など、相手はリッチなイケメン（美女）。有名人とのセックスにも強い憧れを持っているはず。そして、**自分は何もせず、相手が気持ちよくしてくれるような状況が理想。**

B

スリルのある状況に興奮！外で交わりたい

ピストルが象徴する異性の**スリリングな香りに惹かれるタイプ。興奮するのはビルの屋上や非常階段の踊り場、浜辺や露天風呂など、屋外での大胆な性行為。**あなたは欲情したら、いつでもどこでもHしたいと思っているので、本能のおもむくままに激しく求め合いたいはず。

危険な状況のドキドキと恋のときめきは、生理的に同じこと。あなたがドキッとしたモノがあらわすのは、不安と興奮、両方のイメージ。

C

誰かにみられたらどうしようという状況に大興奮！

誰にもみせてはいけない秘密書類を選んだあなたは、**誰かにみられるかもとハラハラしながらHしたい人。**「気づかれちゃう」「ダメだってば」などと口では言いながら、気持ちが高ぶって歯止めが効かなくなり、Hをはじめてしまう。**公園でみられるかもしれない状況でイチャつくのも大好き。**

D

知らなかった人とHしている自分を想像すると興奮！

偽造パスポートは正体がわからない相手をあらわし、あなたはそんな**相手に不安と興奮を感じるタイプ。知らない相手とのHを望んでいる**よう。仮面をつけて行うHや、恋人を交換するプレイなど、知らない人と自分が体を重ね合わせていると想像するだけで、熱いモノがこみあげてきそうになる。

吊り橋が怖くてドキドキすることと恋のときめきは脳にとって同じこと

KEY WORD 吊り橋効果、帰属錯誤

恋はまるでドラッグで脳内物質が過剰に出ている状態

恋愛心理の話ではよく出てくるのが、左図の「吊り橋効果」。これは、「帰属錯誤」によるもので、揺れる不安定な吊り橋をわたることによる生理的な興奮を、恋によるココロの動きと錯覚して起こる。

人を好きになる科学的な理由は、まだ解明されていない永遠の謎。だが、恋愛中のココロのときめきは脳内物質によって説明できる。たとえば、ドーパミンは快感、セロトニンは幸福感、ノルアドレナリンは興奮、エンドルフィンは恍惚感などと、それぞれ役割があるのだ。

このように、さまざまな感情をつかさどる脳内物質が一気に分泌され、脳が勢いよく活性化された状態が「恋のときめき」だ。ドラッグを使ったときの脳の状態と似ているといわれる。恋愛に夢中になっているときは誰しも

ドキドキが恋愛につながる「吊り橋効果」

18～35歳までの独身男性に女性が声をかける実験が行われた。揺れる橋で行われたときのほうが、好感を持つ男性の割合が高かったという結果になった。

揺れない丈夫な橋	揺れる吊り橋

連絡をした男性はたった1割！	**ほとんどの男性が連絡をした！**

普通の状態でない、ということである。

吊り橋をわたったり、ホラー映画をみたりすると、興奮のノルアドレナリンや恍惚感のエンドルフィンが多量に出る。脳は恋愛感情と区別がつかないため、その場にいる相手を好きになった、と誤解してしまう。恋は多くの誤解から生まれているのだ。

心理学 column

アルコールに酔うと本能的に性欲がアップ！

お酒で女性も性欲が高まる。飲酒で心拍数が上昇し、快楽物質のドーパミンが分泌され、欲望がアップ。さらに酔いが進むと、子宮の内側が排卵時と同じようにやわらかくなり、本能的にもHをしたくなるといわれる。

気兼ねがいらない
仲間内の焼肉パーティー。
肉は高級な和牛、
ブランドポーク、
地鶏などがあります。
もちろん新鮮な野菜も
たっぷりありますが、
どんな比率で食べますか？

A

お肉大好き！
肉９：野菜１

B

お肉も好きだけど野菜
もほどよく！
肉６：野菜４

C

お肉も野菜も
バランスよく！
肉５：野菜５

D

野菜が多め！
肉２：野菜８

ANSWER 24 ◀◀◀

普通にみえても実は サドマゾ気質がある!?

「SM度」がわかる!

A

欲望のままに肉を食らう真性ドS

肉は欲望・喜びを象徴し、バーベキューでの目的でもあるので、それを**大量に求めるあなたは、根っからのサディスト**。食べたいのに、肉を食べられなかった人の姿をみて、「悔しがっているだろう」と想像して興奮していそう。でも、本当はもっと誰か、できれば好みの異性をいたぶりたいはず。

B

いい人の仮面をかぶった隠れS

相当のサディストだけれど、ちょっぴりマゾっ気を持つあなた。正々堂々といたぶりたいのではなく、最初はいい人で頃合いをみて仮面を脱ぐようにSの本性をあらわす。そのギャップに興奮するし、いい人の仮面に油断した獲物を手にいれるのもたやすくなる。計算高いタイプといえるかも。

肉は欲望や喜びを、野菜は理性や抑圧を象徴し、それを他人とシェアする状況から、あなたの秘めたSM気質がみえてくる。

C

SMに偏らない普通の人だがM予備軍

欲望や喜びを少しガマンできるあなたは、**ニュートラルな普通の人。喜びもガマンもほどほどがいいと思っている**タイプ。でも、強烈なドSの異性に調教されたら、Mの部分が開花しそう。まだ体験したことがないとびきりの快感が手に入る代わり、普通の感覚に戻れなくなることも。

D

ガマンした分気持ちよくなれるドM

喜び＝肉は少しでいいというあなたは、マゾヒスト。肉を食べられない＝**惨めな状況に欲情しやすいだろう。**できるだけガマンした後、ひと口食べる肉を余計においしいと感じるタイプ。性欲も普段はガマンして抑えているので、その分、**自分の欲望を解放したときの乱れ方がすごい！**

性的倒錯までいくとタイヘンだがサドとマゾの性格的傾向は誰でもある

KEY WORD 加虐性欲、被虐性欲

サド傾向の人はリーダーに向くマゾ傾向の人は受け身で控えめ

「あの人はSだ」などと気軽に言うことがあるが、サディズム・マゾヒズムは、もともと変態性性欲にかんする言葉。サドは他人に身体的苦痛を与えることで性的に興奮する「加虐性欲」を指し、マゾは身体的苦痛を受けることで性的に興奮する「被虐性欲」を指す。フロイトによると、マゾヒズムとサディズムとは表裏一体のものとみなされ、マゾヒズムかサディズムかは視点の違いであるそうだ。

また、性格分析では、サド的傾向の人は精神的にタフで感情表現はストレート。他人の上に立つ、リーダータイプ。マゾ的傾向の人は他人に依存し、受け身で感情表現は控えめ。強い者に従うことに安心感を持つ。

合コンで、「Sなの？　Mなの？」と軽いトークをすることも。この質問への答え方には男女差がみられ、女性は単なる話題と考え

てその場に応じた答えをし、対する男性は本気で答えていることが多いらしい。気になる男性が「Ｓ」と答えた場合、彼には主導権を握りたい傾向があるので、尽くすタイプと相性がいい。「Ｍ」なら姉御肌の女性と相性がいいというように、お互いを補う関係がマッチする。ＳかＭかで相性診断に使えそうだ。

心理学 column

SはMを満足させるため需要に合うプレイをする

Sはいじめるのが好きで、Mはいじめられるのが好きという単純な世界ではない。普通の人ならついていけない拷問に近いプレイでも、それに興奮するSとMなら成立する。お互いのニーズのマッチングが問題なのだ。

▶QUESTION 25

あなたはどのように
椅子に座りますか？
または、
気になる相手は
どのように
椅子に座っていますか？

A
右足を上にして
組んで座っている

B
左足を上にして
組んで座っている

C
足を深く組んで
座っている
（両足どちらでもよい）

D
足は組まずに左右ど
ちらかに揃えて座っ
ている

ANSWER 25 ◀◀◀

クセやしぐさでイケイケかどうかが見破られる！

「Hのハードルの高さ」がわかる！

A

遊びの相手とのセックスはNG！性的に淡白

右足を上に組んでいると答えたあなたは、**人目を気にする内向的な人。相手が恋愛に対して真剣に向き合っているかどうか、見極めてからでないとHはしない。**セックスはどちらかといえば、淡白なほうで1回のデートで何度もHする気にはならない。軽いノリの相手とはつき合わないタイプ。

B

ココロも体もオープン興奮しやすく激しいHを好む

足を組むのは基本的に自己防衛のためだけれど、**左足が上の場合は異性に対して開放的で誘っている合図**である。また、組んだ足をブラブラしているなら、自信にあふれ競争心が強い。**ほめ言葉で自信をくすぐれば、コロッと誘いに乗ってくる**かも。激しいHが好きですぐに燃えるタイプ。

足を組む行動は基本的に警戒を示し、どちらの脚か軽く組んでいるかなどで心理状態に変化が。何気ない行動からHの傾向がみえてくる。

C

性的にもガードがとても固いが愛情深い面も

しっかり足を組んでいる場合は、**防衛体制バッチリで「近寄るな」と言っている**ようなもの。さらに腕組みまでしていたら、本格的に拒絶の姿勢。**Hをしたくないどころか、異性にさわられるのもイヤという気分**のはず。ガードが固いけれど、一度関係を持つと深い愛情を注いでくれる。

D

うまく誘われたら即HもOK！性的に研究熱心

足を揃えると答えたあなたは、**常に異性の目を意識して自分をよくみせようとする人**。プライドが高く、チヤホヤされたいと望んでいるので、**うまく誘ってくれればHをOKするはず。性的なものへの好奇心が旺盛で研究熱心なので、気にいれば新しい体位や変わったプレイも受けいれそう。**

態度やしぐさでココロのなかが丸わかり バレバレにならないように気をつけて

KEY WORD 深層心理

意識していなくてもシグナルやサインとして発信している

人間の「深層心理」は態度にあらわれるといい、クセや何気ないしぐさに出てしまう。

好意を持っている異性に話しかけたとき、相手が自分を抱えこむように腕組みをしていたら、警戒されていると考えられる。逆に、ココロを開いている場合には、体を相手のほうへ向ける、つま先を相手のほうへ向ける、座ったときに足が自然と開いている、などのしぐさがみられる。

また、視線である程度はココロを見抜けるそうで、目線が左上にいくのは、過去のことを思い出しているとき。目線が右上にいくのは、ウソをつこうとして頭のなかでイメージをつくりあげているときだ。

自分で思い当たることがないか見直したり、まわりの人のクセやしぐさを観察してみたりするのもおもしろいだろう。

椅子の座り方ひとつで相手のココロがわかる！

すごく疲れ切っているとき

首をうなだれ、ほとんど動きがない

自己防衛をしているとき

自分を包みこむような腕組みをしている

緊張し、相手を拒否している

足をきつく組んだり、固く閉じたりしている

退屈で気分転換がしたいとき

椅子の後ろに手をまわして組んでいる

好意がある相手と話しているとき

足が相手のほうに向いている

話に飽きて、会話を終えたいとき

頭の後ろで腕を組んで、上半身をそらしている

相手をねらっているとき

足をわざとゆったり組む

相手の女性を口説き落としたいとき

椅子にもたれかかり、だらしない座り方をしている

▶ QUESTION 26

パソコンを
新しく買い換えるために、
データの整理をしていたら
過去の恋人との画像が入った
フォルダを発見してしまいました。
今、あなたには
すてきな恋人がいます。
そのフォルダはどうしますか？

A

新しいパソコンへ
データを移す

B

データをハード
ディスクに保存
しておく

C

データを
消去する

ANSWER 26 ◀◀◀

セックスし終わった後はどうしてる……？

「アフターセックス」がわかる！

A

セックス後も抱き合って余韻に浸りたい！

H自体も好きだけれど、**余韻も楽しみたいというタイプ。恋人と体を求め合ったベッドのなかで、いつまでもイチャイチャしていたいし、抱き合って余韻を味わいたい。**もし、相手があっさりタイプで、すぐに着替えていなくなったりしたらガッカリ……。思わずひとりHをはじめるかも。

B

ベッドのなかでぬくもりを感じて余韻を楽しむ

いつでも**セックスに全力投球**のあなただから、終わったあとはグッタリ。心地よい余韻を味わいたいと思っているだろう。**恋人のぬくもりと幸せを感じながら、ウトウトすることもよくある**かもしれない。もし、恋人から余韻を楽しまず、一緒に出かけようと言われたら、ちょっと興ざめ。

過去の恋人との思い出の扱い方に、Hの後の余韻を楽しむか楽しまないか、楽しむならどんなふうにしたいかがあらわれてくる。

C

再度Hしないなら気持ちをチェンジ余韻はいらない！

Hが終わったら、「もう一度！」と必ずおねだりするタイプ。**余韻を楽しむ気持ちはまるでなし。**もう一度を受けつけてもらえなかった場合は、不満ながらも気持ちを切り替え、さっさとベッドから出て行動開始。**いつまでもベッドで過ごすなんて、時間の無駄くらいに考えている**だろう。

快感の余韻から覚めない女性どんなアフターケアが必要？

KEY WORD 快感の波が緩やか

余韻に浸るのは妊娠のため本能的に備わっていること

一般的に、女性はHの最中だけでなく、終わった後も含めて、ひとつのセックスと考えている傾向がある。だから、男性が終わったあとすぐに寝てしまったり、起きあがってスマホに夢中になったりすると、途端にガッカリしてしまう。

女性の場合、身体的に快感の波がゆるやかで引くのも時間がかかる。そのため終わってからも恍惚と余韻に浸っているので、その間はベッドにいたい。これは妊娠しやすくするために本能として備わっている機能なので、仕方がないといえる。

逆に、男性はそういう女性を守る必要があるので、Hの後も機敏に動けるようにするため、意識をすぐに切り替えられるのだ。

また、Hの後に女性が求めているのは、愛されているという証。どうしても眠くなった

ときには、先に何も言わずに寝てしまわず、「少しだけ寝かせて」などとひと言あると、彼女の受け取り方は全然違う。
ＮＧは、セックスの前は優しかったのに、終わったら豹変して威張ったり冷たかったりすること。「気持ちよかった？　感じた？」としつこいのも嫌われるから注意！

心理学 column

セックスのあとは男をアゲるチャンス！

Ｈの後、女性は男性に守ってもらいたいと本能的に思うもの。このため、Ｈの後で彼女の側を離れたりせず、手を握ったり、「好きだよ」などと優しい言葉をかけたりしてみよう。甘いムードを壊さないことが大事だ。

この絵に何かを描き加えるとするなら何？

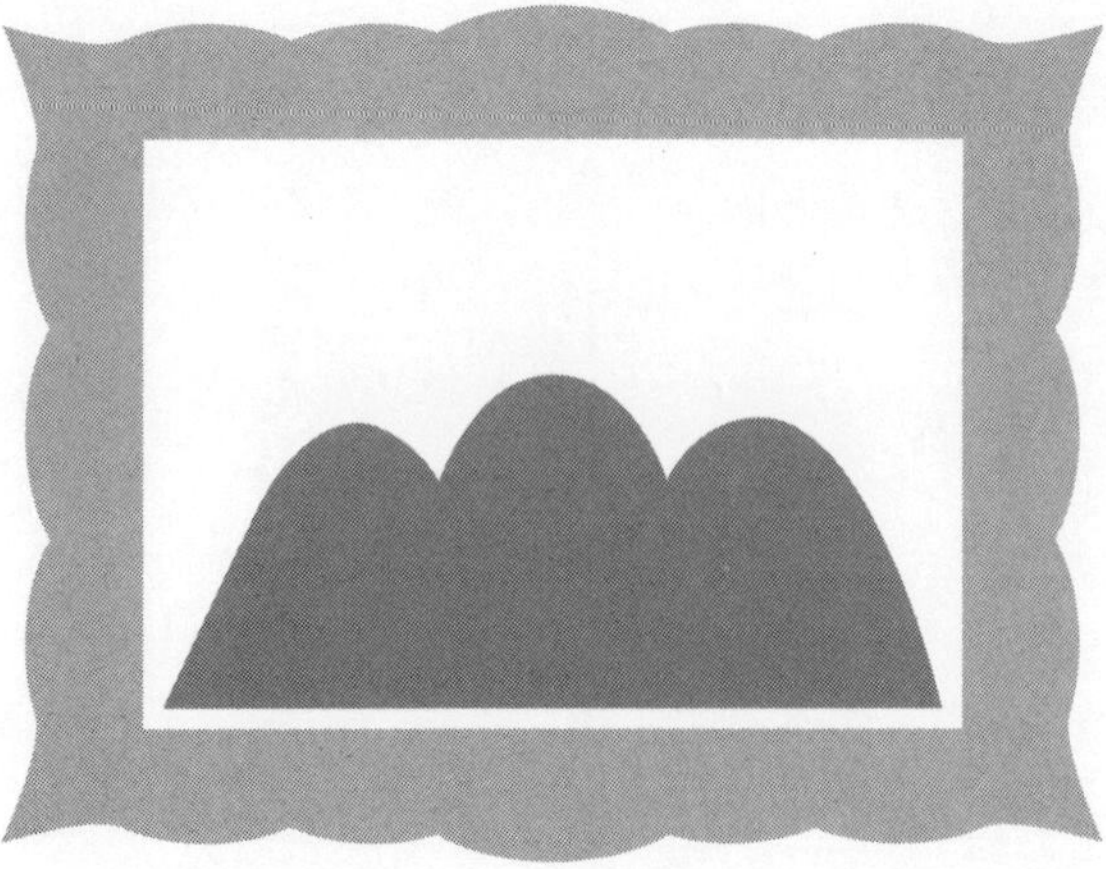

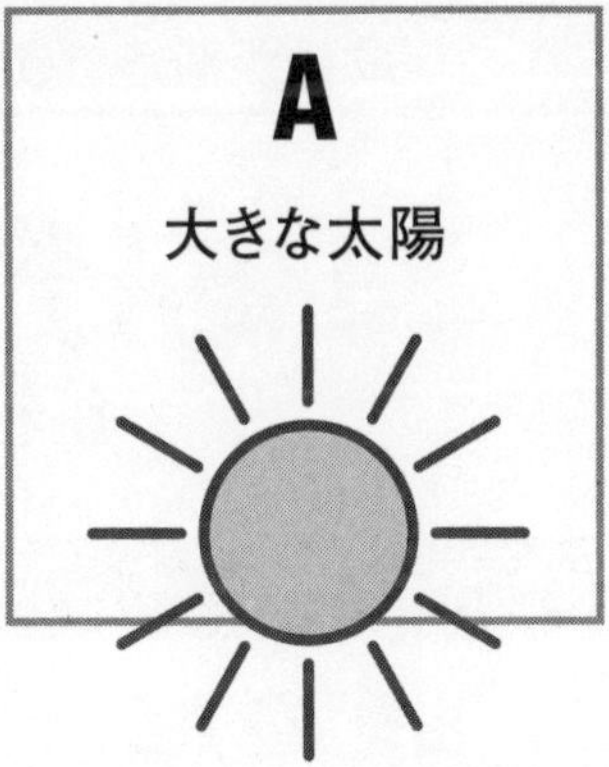
A
大きな太陽

B
星をたくさん

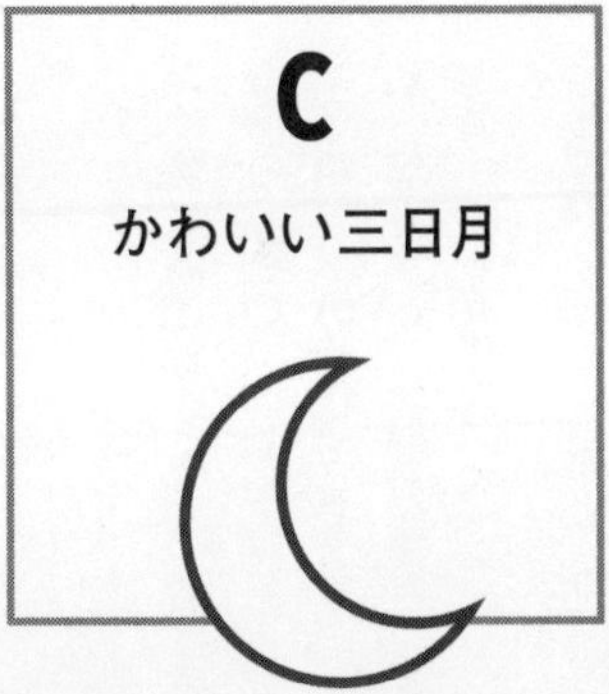
C
かわいい三日月

D
雲をたくさん

ANSWER 27 ◀◀◀

成功が期待できる強運のアソコとは?

「あげまん度」がわかる!

A

周囲もニッコニコ 人生の勝ち組かも!? あげまん度 80%

太陽はココロの豊かさをあらわし、その豊かさは相手にも伝染するから、あなたのあげまん度はピカ一。あなたとつき合いはじめた相手は、宝くじに当たったり、事業に成功したり、崩していた体調がよくなったりと、幸運が舞いこんだ経験があるかも。結婚後は舅、姑ともうまくやれるタイプ。

B

出世できても 肝心なときはダメ あげまん度 60%

ロマンティックな夜空の星を選んだあなたは、**誰かに甘えることが生き甲斐で星のように自分がキラキラしたい**人。相手はそんな**あなたを守ろうとするので、出世はできそう。ただし、大きな壁が立ちはだかると共倒れかも。**実は内助の功で相手を助けているなど、芯の強い人をめざしてみて。

天体などの高いところにあるもの、それは将来の様子を象徴するといわれる。あなたと恋人の将来は明るいかどうか結果をみてみよう。

C

生来の浮気癖に要注意!! あげまん度 30%

欠けた月は欲求不満をあらわす。三日月を選んだ人は**浮気性の気が強い。結婚後も別の異性に迫る悪いクセを持つ。**配偶者は浮気妻にココロの余裕を奪われ、**その結果、仕事や子育てなど生活全部がうまくいかなくなる。**家庭を崩壊させたくないなら浮気は厳に慎むべし。

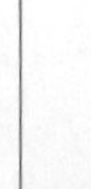

D

超アンラッキー！ 逆手に取れば◎ !? あげまん度 10%

これから雨を降らせる雲は、将来の暗雲を象徴。**正直、あげまんの気配はゼロ。あなたとつき合ったら恋人の会社が右肩下がり、ケガをしたなどアンラッキーが襲うかも**しれない。人には親切にし、恩の大安売り状態で荒波を乗りきり、成功という名のゴールをめざして走ろう！

「私はあげまんだ!」という自覚が大切 思いきりと自信で相手をフォロー

KEY WORD 「あげまん」宣言

笑顔の多い人は前向きなので周囲が明るい気持ちになる

仕事ができる男性や、いわゆる「いい男」にはそれを支える女性の存在があるようだ。いいパフォーマンスをする男性を観察していると、安定したパートナーシップを持っていることが少なくない。

女性としては、自分と一緒になってくれたことで、恋人が成長してくれたら、やっぱりうれしいはず。彼にとって「あげまん」であるために、もっとも大事なことは何だろう。

それは「私はあげまんだ」と自覚すること。説明を加えると、「私と一緒になったのだから、あなた(=彼)は絶対大丈夫」と堂々宣言するということだ。

確かに、あげまんであるためにはお互いが信頼関係で結ばれていることや、尊敬の念があること、精神的に安定していることなど、必要な要素はある。でも、最終的には私と一

緒になったのだから、悪くなるわけがないというい意味のプライドが一番大事。

また、態度として大切なのは「イヤな顔をしない」「笑顔をみせる」ということ。心理学的にも笑顔の多い人は気持ちが前向きで周囲を明るい気持ちにする。そして、一緒にいる恋人の運気もあげているといえるわけだ。

心理学 column

根拠のない自信の恐るべきパワー

男性は仕事で不安を覚えているとき、あなたなら絶対に大丈夫よ、という愛する女性の信頼ですごく安心する。この女性の根拠のない自信、というのは思っている以上にパワーがあるのだ。これがあげまんの正体だ。

▼ QUESTION 28

特別な体験ができる海外旅行に当選しました。どのツアーを選びますか？

A
遺跡を巡る
歴史ツアー

B
神秘の
洞窟を探る
ミステリーツアー

C
宝石の原石を
掘り当てる
発掘ツアー

D
ジャングルを
探索する
探検ツアー

ANSWER 28 ◀◀◀

禁断か快楽、どちらもアリ!?　のセックス観

「Hのコンプレックス」がわかる！

A

自分はほかの人と違うと思いたいお花畑症候群

古きよき遺跡を愛するあなたは**自分のセックスは特別なものと信じたい人。**でも、大人なんだから、**うすうすは自分のセックスも他人のものもそう変わらないと気づいている**はず。人にみられる露出プレイや、禁断のSMプレイなど、マニアックに走ってしまう。「プレイ」と呼ぶところも特徴。

B

Hに高尚なものを求めているかもマンネリ打破を

洞窟をみてみたいあなたは、**セックスにスピリチュアルなものを感じている。**もっと**カジュアルに性を楽しめば世界も変わる**かもしれない。たとえば、愛し合う2人のセックスはお互いの共同作業だから、受動的なだけではなく、積極的に恋人をリードして、歓ばせよう。

ミステリーツアーの秘密は、ココロの深層にある性のイメージ。セックスについてココロの奥底で思っていることを明らかにする。

C

誰にも言えないが実は自分は不感症かも……

宝石は本当の自分の象徴。**自分は価値ある人間だと示したいタイプ。Ｈの最中にも自分を美しくみせたい、という気持ちが全面に出る。**たとえ感じていなくても感じたふりをしたり、イッたふりをしたりする演技派。そんなあなたはココロの奥底でみずからの不感症を不安に思っている恐れも。

D

淫らな世界に溺れる期待と恐怖感がある！

ジャングルは危険の連続！　それを選んだあなたは**自分が淫乱なのではないか、と半信半疑。**あなたのなかには、**官能的な快楽を求め、禁断の愛欲世界に溺れたいという欲求が渦巻いている**よう。マニアックな調教をされてみたい、という欲望がココロの奥底にあるのを必死に隠している。

タブーだから燃えあがれる！やってもOKだと興味がなくなる

KEY WORD タブー

抑圧された性への欲求や興味がコンプレックスに変化する

堂々と家族とセックスの話をした記憶があるだろうか？　テレビでラブシーンになると気まずい空気が流れる、というのがよくあるパターンで、このとおりのお宅も多いだろう。

思春期の頃からセックスを知って興味を持ちはじめるが、そのことをまるで悪いようにとらえる。でも、欲求や興味が消えることはなく、抑圧されて隠されたものに。それがコンプレックスになってしまうことがある。そして、性的な行為をタブーにするのだ。

形式的にいうと、つき合っている間のセックスはタブーだ。今どき結婚まで清い関係でいるカップルがいるとは考えられないが、建前として婚前交渉はないことになっているだろう。だからこそ、結婚前のセックスは燃える。ところが、結婚すると今までタブーだったセックスが世間的にもOKとなり、オープ

ンな感じに一変するのだ。タブーがタブーでなくなると、パートナーとのセックスに興味がわかなくなる。もっと刺激的な浮気や風俗通いに移行してしまうことも。

性にかんする抑圧は夫婦の危機につながる問題。お互いにもっと自由に性について語り合える関係を大事にすることが改善になる。

心理学 column

男女のコンプレックスをいかに取り払うか

男性は相手には知られたくない悩みがコンプレックスになる。女性からの「そんな些細なことは気にしないで」のひと言で救われるかも。セックスの恩恵はお互いに、素直にココロを開けるところなのだろう。

別れた恋人から
メールが届きました。
その内容はどんなもの？

A

「キミが持っている
○○を貸してほしい
んだけど……」

B

「こっちは元気だよ。
キミは元気に
してるかな？」

C

「実は結婚することに
なりました」

D

「キミのことが
忘れられない！
ヨリを戻そう!!」

ANSWER 29 ◀◀◀

元恋人からのメールの中身に興味津々になるワケは？

「未練タラタラ度」がわかる！

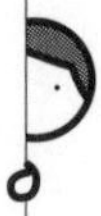

A

今はおなかいっぱい
満たされている
未練度 10%

元カレ・元カノからのメールなんて、よほど困ったことがあるか、折りいっての頼み以外はありえない。そんな**事務的なメールを連想したあなたは、今の恋人との関係に満足。**元恋人への未練はないが、もしネガティブな内容を連想していたら、現状に潜在的な不安・悩みを持っている場合もある。

B

満足していても
別腹おかわりOK
未練度 50%

あなたの予想は近況報告。**一見、淡白そうだけど、実は別腹で元恋人とのHをいただく気まんまん。**今の恋人とのHの欲求不満度は50%というところ。微妙な感じだから、背中を押されるとコロッと浮気に傾きそう。「どうしてる？ 久しぶりに会わない？」と返信したら焼けぼっくいに火がつくかも。

どんな内容をイメージするか、あなた自身の期待度を反映している。
果たしてあなたは今の恋人との関係やセックスに満足しているか？

C

逃した魚は大きい 未練タラタラで 未練度70%

あなたは、今の恋人への**欲求不満は70%の危険ゾーンに突入中！　逃がした魚は大きかったと後悔の嵐**。元恋人の結婚について、「おめでとう、いい人をみつけてよかったね」と素直に思えた場合は、未練度20%。逆にこのメールを機に元恋人との再会まで考えた場合は、未練度は90%を超えそう。

D

即チェンジ状態！ やる気まんまん 未練度90%

あなたは**元恋人を「忘れられない!!」と日常的に思っている**はず。**今の恋人にはとても欲求不満を感じているから昔の芝生は青々とみえるだろう。できることならヨリを戻したいという欲求が強い。**今の恋人との欲求不満度は爆発寸前の90%オーバーで、危険を知らせるアラームが鳴りっぱなし。

セックスする夢の意味や心理は？やはり欲求不満のあらわれなのか？

KEY WORD セックス夢診断

夢に隠されたメッセージは相手が誰かで意味も違ってくる

セックスの夢をみるとどうしても「性的欲求なのかな？」という考えにつながってしまうが、実は必ずしもそうではない。

セックスの夢は、新しい何かに挑戦しようとしているときなどにみることが多いといわれているもの。あなたは何か新しいことにチャレンジしようとしていないだろうか？

ただし、セックスの相手によって少し意味合いが違ってくるので紹介しよう。

●好きな人とのセックス

「願望」の部分が強く、「その人ともっと仲よくなりたい！」といった深層心理が夢に出てきている。みるとラッキーに感じるかもしれない。でも、欲求不満の疑いが少しある。

●嫌いな人とのセックス

絶対ありえない！　というくらい嫌いな人とセックスしている夢をみた場合、あなたに

夢が象徴する欲求

- **靴**……………………行動力、社会的評価、女性器の象徴
- **下着**…………………プライベートな自分の象徴
- **時計**…………………規則、常識の象徴
- **鏡**……………………取り巻く環境の象徴
- **地図**…………………進路、予算、生活プランの象徴
- **風船**…………………小さな願望の象徴
- **自動車**………………社会生活を乗り切るバイタリティの象徴
- **魚**……………………ココロの動きを象徴
- **肉**……………………生命力、性欲、野望の象徴
- **酒**……………………出世欲の象徴

は相当ストレスがたまっている可能性が高い。

●今の彼氏（夫）や彼女（妻）とのセックス

いいイメージを持つかもしれないが、実は相手の浮気を疑っている傾向がみえる。もしくは、あなた自身が浮気している場合もある。「後ろめたい」感情から、罪滅ぼしの意味でみることがある夢なのだ。

心理学 column

欲求不満は全部解消したほうがいいわけではない

欲求不満を解消するには、環境を変えるのが有効。ただし、少しは欲求不満を経験し、欲求不満に耐える力をつけないと精神的に弱い人間になる。欲求不満がすべて悪いわけではないので、程度の問題ということだ。

スポーツジムでトレーニングをしました。メニューをやり終えたあなたの感想は?

A

シャワーを浴びて
サッパリしたいな！

B

汗をたくさんかいて、
ベタベタして
気持ち悪い……

C

汗臭さが
気になる……早く
着替えたい！

D

あ～すっきりした！
またトレーニング
したい!!

ANSWER 30 ◀◀◀

エッチの回数が最近減っているのが気になる!?

「セックスレス危険度」がわかる！

A

セックスレスはあり得ない！ 危険度 20%

人間の生理現象を肯定的に受け止めるあなたは、セックスをしたいという欲求や衝動がわき出るのは自然な姿だと思っている人。パワフルタイプで根っからのH好きだろう。今のところ、セックスレスの危険性は低そう。ただし、仕事や趣味にハマりすぎるとセックスレスに陥る危険性は大！

B

気持ちがのらないならしなくてOK 危険度 80%

「気持ち悪い」と嫌悪感をあらわす答えを選んだあなたは、**セックスを肯定的に受け止めていない。潔癖症でセックスに対しての嫌悪感がある**かも。愛のないセックスは気持ち悪く、愛し合ってきた相手とも、気持ちがのらないならしたくないと思っている。セックスレスに陥る危険性が高い。

汗は人間の体から流れ出る自然な生理現象。その汗をどう受け止めるかで、あなたのセックスレス危険度を判定する。

C

相手によって変わりそう 危険度40%

あなたは、生理現象は恥ずかしいものと感じているのでは。**気持ちいいのは好きだけれど、ハマるとセックスに溺れてしまうのではないかという恐怖感がココロに壁をつくっている**のかも。相手と状況によってはセックスしまくりの日々、あるいはセックスレス、どちらに転ぶかはあなたしだい。

D

気持ちが高まるとしてもいい派に 危険度60%

あなたは、**自分の性的欲求や衝動をコントロールできるタイプ**だろう。セックスはしなくてもいいものと思っている。ただし、セックスできれいになったなんてうわさを聞くと、**興味津々でセックスに積極的になる少し変わった面を持つ**ようだ。セックスレスに陥る危険性はかなり高いほう。

セックスレスを解消するための2つのケースとヒントを大紹介！

KEY WORD 夫婦の距離感、ネガティブな感情の解放

出産後の距離感の変化やパートナーへの怒りが原因

セックスレスに至る道はたくさんある。特に多い2つのケースとその対策をご紹介。

セックスレスの問題でもっとも多いパターンは、出産を経験してから、それまでの「男と女」から「父親と母親」になること。お互いが子どもをとおした視点で、「パパ」「ママ」と呼び合うケース。まるで、お互いが自分の父親・母親のように感じてしまうのが問題だ。

対策としては、2人の時間を持つようにすること。休日や仕事が終わった後に待ち合わせて2人だけで食事に行くなど、仕事や育児を言い訳にせず、ベストを尽くそうという姿勢をみせるのがいい関係性につながる。

もうひとつ、セックスレスの大きな理由が相手に怒りを感じている場合がある。パートナーの些細なクセをガマンしていたり、愛情を感じなくなっていたり……。

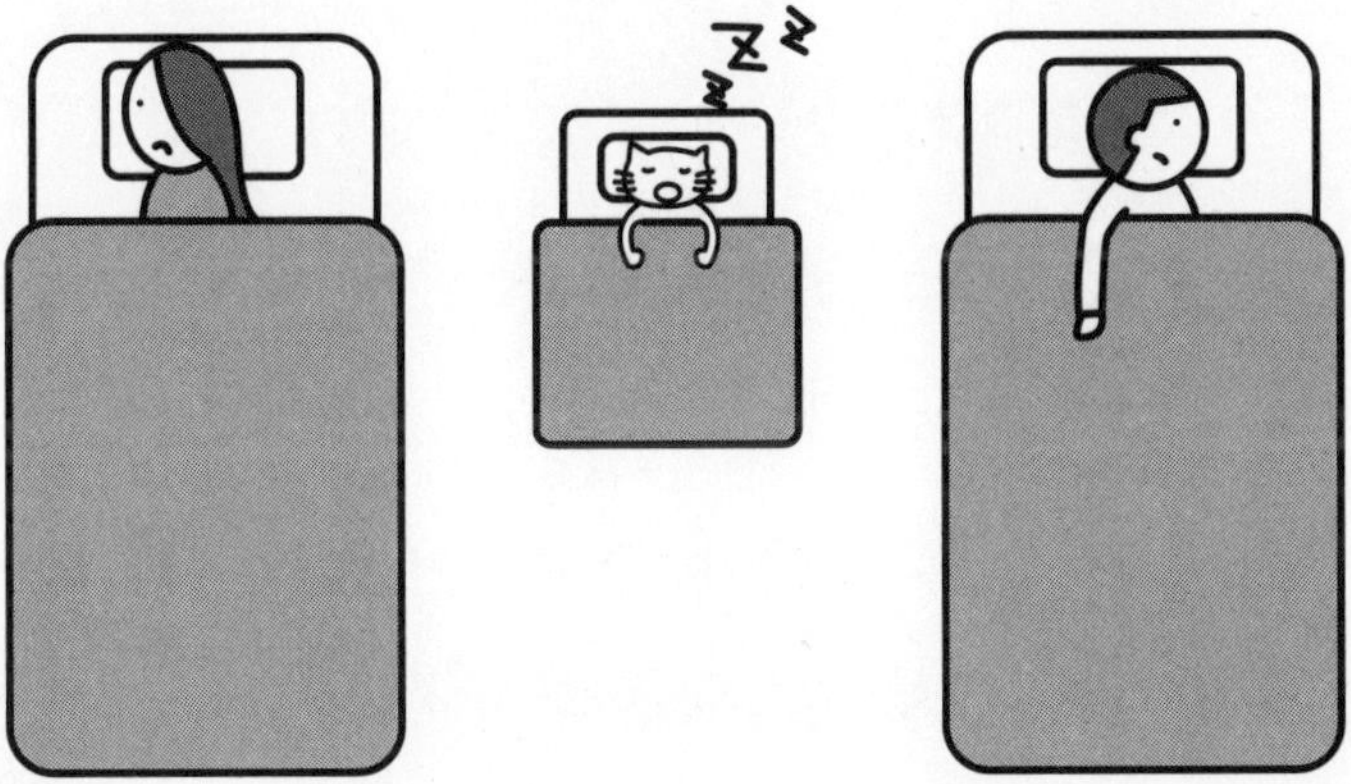

まずは自分のココロと向き合うことが先決だ。相手を責める、嫌う、無関心を装う前に、自分のそのときの気持ちを感じてみよう。つらくて嫌な作業だが、チャレンジしてみることが大切。たまっている感情をまずは解放し、ネガティブな感情を処理していくことで、パートナーへの愛情を取り戻すことができる。

心理学 column

若者の３人にひとりがセックスに興味がない！

不景気、非正規雇用、ブラック企業などの若者を取り巻く暗い現状。これでHに興味を持つなど、中学生でもなければ無理というもの。不安定な世相の影響は若者だけでなく、結婚後のセックスレスにも通じるのかも。

憂鬱になりがちな人は、
自分の評価をすべて人に委ねる傾向が
あります。
人にどう思われようと自分で自分を
尊重できるだけの基盤がないのです。
憂鬱から抜け出すには
自信という基盤が必要ということに
なります。

心理カウンセラー
心屋仁之助

第４章

自分も知らない本当の顔がある！

怖いくらいにわかる！「性格」診断

自分の本当の性格を知れば、人生はまったく変わる！　ココロの奥底に眠るあなたの深層心理を、心理テストですべて暴き出す‼

QUESTION 31

あなたはいつもどんな姿で寝ていますか？

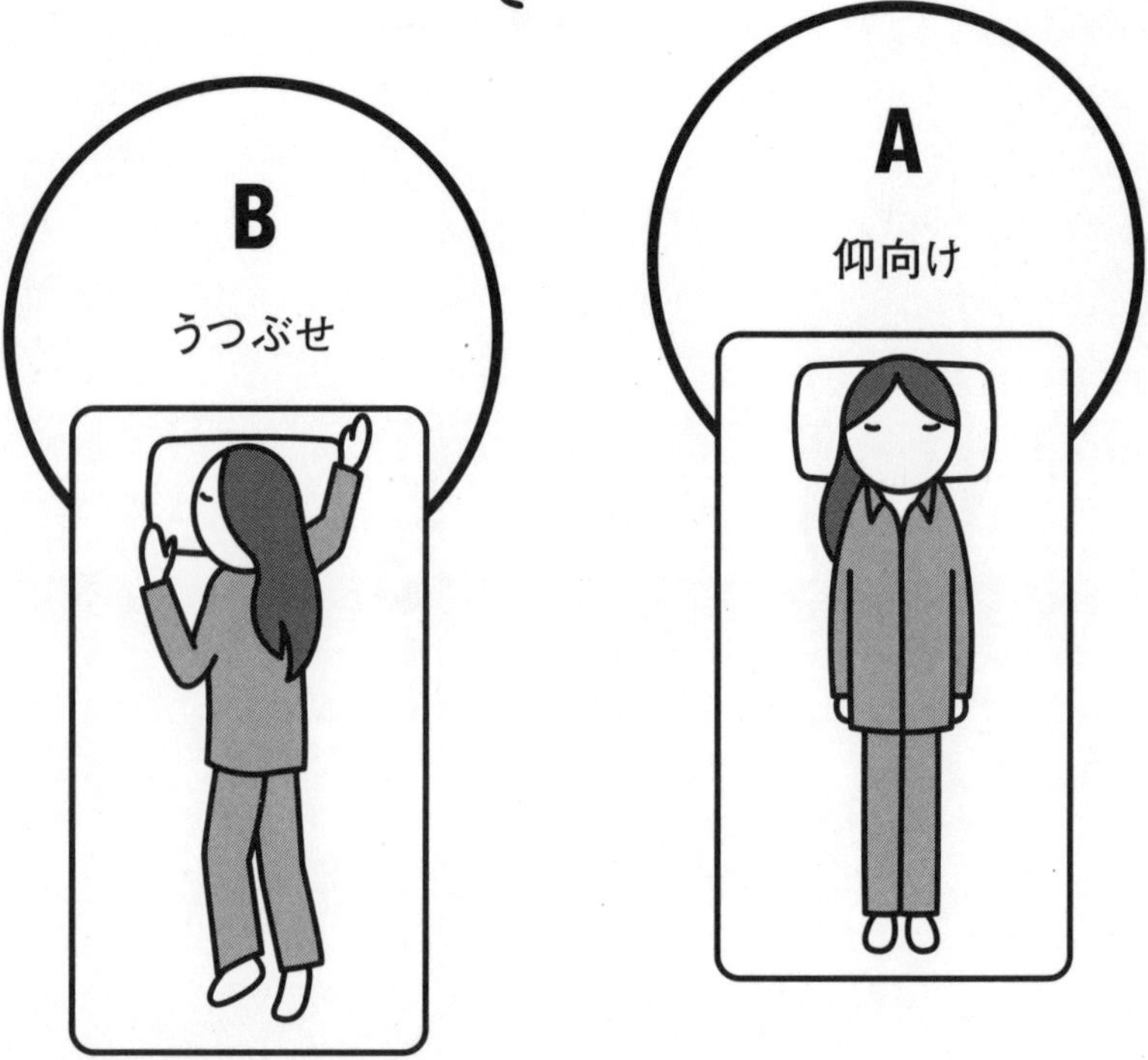

D
枕を抱えている

C
横向き

寝相で性格がわかる！　寝相と性格の相関関係

「基本の気質」がわかる！

A

**自分に自信があり
積極的な性格
華やかな恋をする**

仰向けの人は、**積極性・行動力に長けて注目されやすい。柔軟性もあるため、人と衝突することは少ないけれど、すべて自分の思いどおりにしたい王様&王女様の傾向**も持つ。何事もオープンで、情熱的で華やかな恋に憧れを抱いているため、恋愛も一度ハマると自分を解放して満喫できそう。

B

**自己中心的な
完全主義者
欲求不満に注意**

うつぶせの寝方をする人は、**おせっかいで几帳面の場合が多い。細かいことを気にするタイプで、きちんと手際よく正確にことを運ぶのが得意。**その半面で人のミスが許せないという融通が利かないところも。心理的には、ストレスをためないようにすることと、欲求不満に注意が必要だ。

アメリカの精神分析医が多くの患者をサンプルとして面接調査した結果、人間の寝姿には性格・心理との強い相関関係があることが判明。

C

何事も要領がよく ストレスが少ない 恋愛でも苦労なし

横向きに寝る人は、**寝返りを打ちやすい姿勢で眠るため、ストレスをためにくく、性格も理性的で危機管理ができる。特に、自分を守ることに関してすぐれた才能を発揮。**理想の相手をみつけ出し、恋愛成就できるはず。でも、一途というわけでなく、浮気にはうまく立ちまわる器用さも持つ。

D

依存心が強く 甘えん坊の マザコンタイプ

枕を抱くというのは、子宮のなかの胎児の姿勢によく似たものだ。**あなたの無意識に存在するのは、胎内回帰願望でマザコン（ファザコン）型の甘えん坊。**普段は明るい性格にみえても、漠然とした不安を抱えていることが多い。恋愛においても傷つくことを恐れるため、臆病になりがち。

寝る姿勢は無防備なので意識していない本当の性格があらわれる

KEY WORD ▶ 深層心理と性格診断

手や足をクロスさせるタイプはストレスに要注意

寝つくときの姿勢は、誰でも毎日ほぼ決まっているそうだ。診断を下した先の４つのパターン以外の寝姿勢も紹介しよう。

まず、「手首もしくは足首を交差させて寝る人」。性格の傾向は一概にはいえないけれど、心理的にはかなり追いつめられている状態だ。私生活や仕事で追いつめられるようなできごとが起こっているか、とても大きな悩みを抱えているかもしれない。恋人や夫・妻がこのポーズをしているなら、いたわりの気持ちをもって接するように心がけるといい。

次は、「布団に潜りこむ人」。慎重派で深い洞察力がある。その性格から、小さなことでも悩み、大きなストレスとなることも。

「ひざまずいて背中を丸く持ちあげた姿勢の人」。神経質だったり、不眠症気味だったりすることが多い。日常生活のことが強く深

層心理にあり、眠ることより早く昼間になってほしいという願望があらわれているのだ。
人は睡眠中に20～30回も寝返りを打つため、ひとつの姿勢を取り続けているのではない。そんなところに注意し、心地よい健康的な睡眠のひとつのヒントとして、これらの寝姿診断を役立てていくのがいいだろう。

心理学 column

うつぶせ寝は体にも悪い　首や背中に負担大！

枕に顔をうずめて寝ると、当然ながら呼吸がしづらい上、頭の向きも一方向に。首にも負荷がかかり、おなか側を下にして寝ることで背骨も不自然な状態に。首や背中が痛いという人は、特に注意してほしい。

ある日突然、
かわいがっていたペットの犬と
話ができるように
なりました。
愛犬とはどのように
おしゃべりをしましたか？

A

単語を駆使して、
カタコトのやり取り

B

お互いタメロ

C

お互いていねいな
言葉遣いで

D

言葉ではなく、
テレパシーを使った

ANSWER 32 ◀◀◀

幼児性が高いほど精神年齢が低くなる

「精神年齢」がわかる！

A

素直に受け止める純真さのあらわれ？ 精神年齢12歳以下

映画やCMのようなありがちなパターンに当てはめてしまうのは、**精神年齢が低い証拠。子どもにとって大人が与える世界がすべてのように、最初に覚えたものを真実だと考えてしまいがち。**素直に受け止める純真さを残しつつ、内面を成長させていけば、魅力あふれる人物になれるだろう。

B

幼なじみの友達同士のよう 精神年齢は中高生

はじめて会話を交わすのだから、いきなりタメ口では失礼だと受け取られても仕方ない。でも、幼なじみの**友達同士でお互いがそれでいいなら、コミュニケーションが成り立っている。**あなたとペットはそんな精神年齢。**大人になる一歩手前で青春真っ盛りといえる、中高生くらい**だ。

会話は相手の反応や態度、内容によって変化するもの。お互いの接点を探る作業ともいえる。ペットへの話し方から精神年齢を探ろう。

C

円滑な会話で ココロも安定している 実年齢以上に成熟

お互いに相手を尊重し、対等な立場でいられるのは、**あなた自身が普段からまわりを大切にし、ていねいに接していることのあらわれ。**あなたの**精神年齢は高く、落ち着きがあり、実年齢以上に大人。周囲を気遣いながら世代や立場を超えた人とも、分け隔てなくつき合っていける**タイプ。

D

察する能力にすぐれ 先回りできる 精神年齢は老年!?

テレパシーと答えたあなたは、**察する能力MAX。人が言葉にしない思いや願いを感じて、気を使ったり行動したりする**ことも。その半面、はじめる前から結果がわかる気になって、やる気をなくしたり、**独断で周囲も驚く暴走をしたり。まわりに迷惑をかけていないかと、気にかけて**みよう。

精神年齢は心理学的には実年齢と比べて知能が高いか低いかをみるもの

KEY WORD 精神年齢

「精神年齢が若い」はほめ言葉とは限らない

メンタル・エイジは「精神年齢」と日本語に訳される。一般に精神的な成熟度を判断するような年齢指標と受け取られているけれど、心理学的にみると、純粋に「実年齢に対応した知能の高低」を測定するための指標だ。

たとえば、3歳児対象の問題に正答できれば「精神年齢3歳」となる。精神年齢とは「当該年齢水準の問題に正しく答えられる能力や知識があること」で決められる年齢のこと。実年齢が3歳でも当該年齢が10歳の難しい問題に正答できれば、精神年齢は10歳だ。

これに対して、一般的に「精神年齢が低い」というと幼児性が高いことを意味する。自分の一方的な判断しかできない「自己中心性」、自分の考えだけが正しいとする「主観性」、分け合いができず、ひとり占めしたい欲求の強い「独占欲」。テストの点がよくて知能が

自分とのコミュニケーションは「精神年齢」を熟成させる

人の視線を気にしすぎて、自分の気持ちをおろそかにしがち。まずは自分とのコミュニケーションを大切にすることが、他人とのコミュニケーションを活性化する。

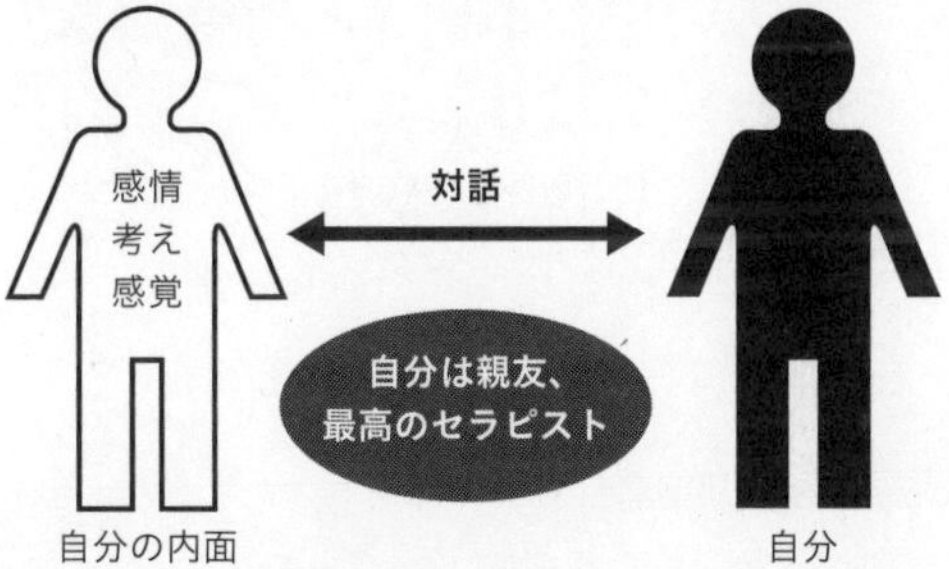

高い場合でも、これら3つの特徴がみられると、「精神年齢は低い」とみなされる。

精神的に成熟したタイプのほうが異性にモテるというのは異論がないところだろう。成熟さは、包容力がある、落ち着いている、器が大きいなどといい換えられる。そんな大人になれるよう、自分を磨きたいものだ。

心理学 column

WEBでもっと正確に精神年齢テスト

最近では、WEBで簡単に精神年齢測定ができる。ココロの経験値を年齢として数値化したもので、知能指数とは関係ないというもの。簡単にチェックできるので試してみよう。意外な結果が出るかもしれない。

▼QUESTION 33

あなたは白雪姫の継母が持っていた
魔法の鏡です。
白雪姫をこの世で一番美しいと思っていますが、
現在の持ち主に従うのが
魔法の国の掟です。
持ち主の女性に
「世界で一番美しいのは？」と
聞かれたらなんと答えますか？

A
やはり
「白雪姫ガ世界デ一番美シイ」

B
迷って
「アナタガ世界デ一番美シイ」

C
困って
「……ワカリマセン」

D
きっぱりと
「アナタデハアリマセン!!」

ANSWER 33 ◀◀◀

どれだけあなたが自分を好きか見極めよう

「自己陶酔度」がわかる！

A

あえて自分が二番 自己陶酔度 ★★★★★

童話のストーリーどおりに白雪姫と答えたあなたは、**自分を二番手にした戦略家。批判にさらされやすい一番はほかに譲り、自分を安全地帯におく。**「自身の利益のために他者を利用する」というナルシストにみられる性格に、バッチリ当てはまるところからも、自己陶酔度はナンバーワン！

B

自己愛のかたまり 自己陶酔度 ★★★★☆

迷った末に自分と答えたあなたは、**やはり自分大好き人間。ナルシストであることを隠さないし、みんなにバレてもノープロブレム。**人はみな自己愛があると達観している。日ごろからナルシストとして恥ずかしくない努力を続け、ココロも外見も磨きあげている。自己陶酔度80％。

鏡はみたものの姿をそのまま映し出すもの。自分自身を象徴するものなので、あなたは自分への評価を選んだというワケ。

C

隠れた自己愛
自己陶酔度
★★★☆☆

困って「わからない」を選んだあなたは、**自分のことを「わかってくれる人にはハマるはず」と思っている**タイプ。あたかもピンポイントでターゲットを狙う恋愛スナイパー。**実のところは、自分大好きの隠れナルシスト**といえそう。ほどほどの自己愛は、誰にとっても悪いものではないのだ。

D

ストップ自己否定
自己陶酔度
☆☆☆☆☆

多少の自己愛行動でも、「うぬぼれているかも」と感じてしまうあなた。とことん自分を卑下するのが習慣になっていそう。せっかくの長所をほめられたとしても、もっと輝いている人と比べて落ちこむことも。自虐もやりすぎると、他人にはイヤミになり、自分はさらに落ちこむ結果になる。

誰もが持つナルシスト的な性質程度問題で病的なものにもなる！

KEY WORD 自己愛性パーソナリティ障害、共感力

ほどほどのナルシシズムなら課題や長所をみつけるのに有効

心理学用語のナルシストは「自己愛性パーソナリティ障害」に分類される。この自己愛性パーソナリティ障害に多くみられる特徴は、人よりすぐれていると信じている、絶え間ない賛美と賞賛を期待するなどのほか、自分の意見が絶対だという考えを持ち、それにどんな形でも反論されると感情を爆発させる。会社でも批判されるとすぐにキレる上司などが、その典型例だ。

一方で、よく世間でいわれるナルシストは、単に自己愛の強い人のこと。自分のことで頭がいっぱいになる性質は、私たちの誰もが少しは持っているものだろう。

もし、自分はナルシストではないかと心配な場合、自分以外の他者もそれぞれ物語の主人公だと理解でき、他者とのつき合いのなかでそのことを思い起こせるか考えてみる。こ

れができれば、共感力があるので大丈夫。ほどほどのナルシシズムなら、自分にとっての最優先課題や、長所をみつけるために有効だ。
また、誰でも自分と強い関係性がある人たちから、承認や賞賛、感謝をされたいと思っているもの。ナルシシズムはＳＮＳで「いいね」を得ようとする心理にもつながっている。

心理学 column

他者の話を能動的に聞くことで共感力を磨く

自己中心的になりすぎているかもと思ったら、ボランティアや援助や寄付など、他者のために行動を起こすといい。誰かの話を傾聴する（能動的に耳を傾ける）ことも、共感力をアップする方法としておすすめ。

▼QUESTION 34

飲み会から帰ってきたあなた。
あなたは女性です。
身につけていたものは
何からはずしますか？

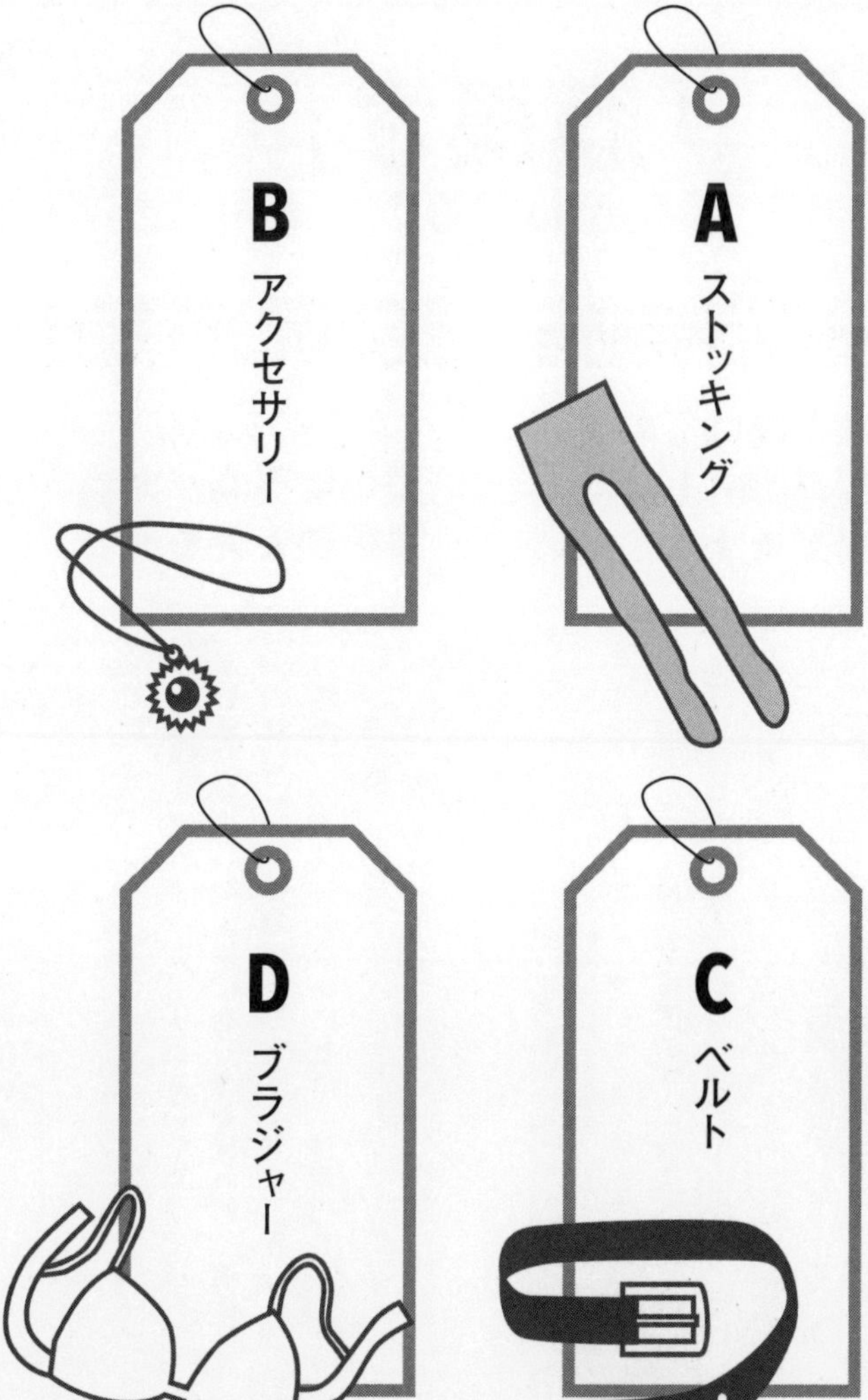
A
ストッキング
B
アクセサリー
C
ベルト
D
ブラジャー

ANSWER 34 ◀◀◀

腹黒い人ほど人前ではいい人を演じるもの

「腹黒さ」がわかる！

A

**屈託のない顔で
腹には不満が充満
腹黒度★★★★☆**

足がむくみやすいと、はずしたくなりそうなストッキングと答えたあなた。**人目がある場所では、明るいサバサバした人物になりきるけれど、実は他人のせいにして自分を正当化**する。むくみのように他人への不満をおなかにため、自律心もないから、他人への攻撃になってあらわれてしまう。

B

**誠実な顔は仮の姿
友人も信用しない
腹黒度★★☆☆☆**

帰宅後、アクセサリーをはずすと答えた人は多そう。あなたは、**誠実な仮面の下に他人への反抗心を隠し持っている人。**親しい友人でも完全に信用しているわけではない場合も。それには、親友に裏切られたという苦い経験が理由にあるからだろう。本来はいい人タイプで腹黒度少なめ。

自宅に帰ってまずはずすものは、人にみせたくないものをあらわしている。あなたが隠している裏の顔がどんなものか暴かれる！

C

抑圧された欲求でいつキレるか不明
腹黒度★★★★★

きつめに締めていたら、すぐはずしたくなるベルト。あなたのおなかからは、不平不満があふれ出そう。**人前では自分の欲求を抑圧しているので、たまりにたまったストレスで危険な状態。**一気に爆発したら周囲に迷惑をかけるので、少しずつ食欲や性欲、睡眠などを満たして発散させよう。

D

おなかのなかは嫉妬でいっぱい！
腹黒度★★★☆☆

ブラジャーのホックをはずすと解放感があるけれど、あなたの**解放したいものは他人への嫉妬心。チヤホヤされている同僚や友人がねたましいと思いがち。**人前では思いやり深く親切な人でとおっているけれど、おなかのなかでは他人の悪口でいっぱい。ガス抜きのために趣味に打ちこむのもいい。

ストレスやトラブルがココロの負担になり「防衛機制」で誰もが腹黒度を高める

KEY WORD
防衛機制、抑圧、合理化、投影

防衛機制は「ココロの安全装置」でも頼りきりでは負荷がかかる

人間はいい人と思われたい、という欲求を持っていて、腹黒い人とは思われたくないものだ。でも、周囲を見渡せば、実際に腹黒いと思う人がいるだろう。なぜ、腹黒くなってしまったのか心理学的に解き明かそう。

トラブルが起こったとき、人間はなるべく自分が傷つかないようにする。これを「防衛機制」と呼び、不快な気持ちを避けたり、弱めたりすることで安定した心理状態にする。そのなかでポイントになるのが「抑圧」「合理化」「投影」だという。

抑圧は、受けいれられない感情や記憶を否定し、なかったことにすること。これで抑えきれないと、次の合理化へ。これは、自分を正当化して他人やほかのモノに責任転嫁すること。この合理化で他者への攻撃性が芽生えると考えられるのだ。

無意識にはたらく「防衛機制」

抑圧されたものは無意識下で蓄積され、無意識の領域で生き続ける。こういうことが繰り返されると、無意識下で肥大化したものが意識にまで影響を与え、自己を防衛する行動につながる。

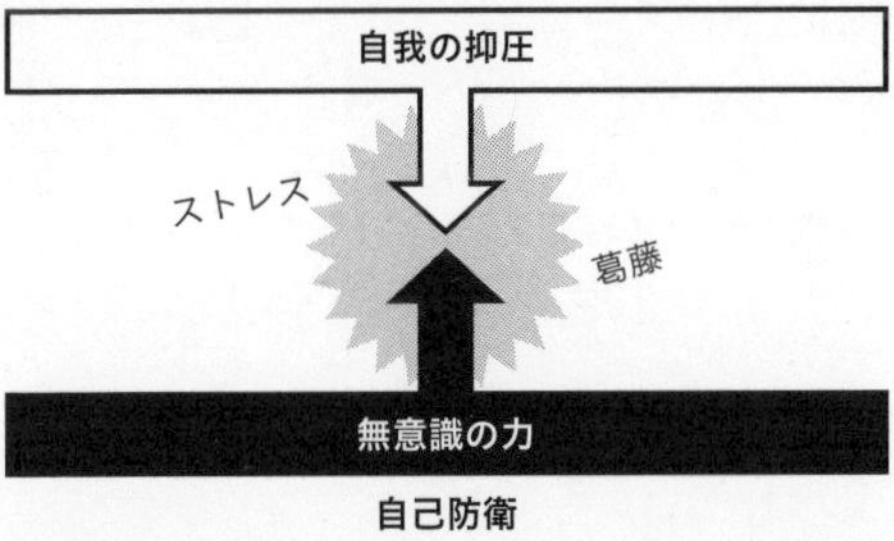

そして、投影は自分が抑圧している感情や考えを他人が持っていると思いこむこと。相手を批判し、攻撃する口実をココロのなかにつくるわけだ。合理化で蓄積した攻撃性の向かう先が、投影によって決まり、自分のなかの攻撃性を発散する。自分を守るための機能だが、行きすぎは禁物なので気をつけよう。

心理学 column

かりそめのいい人を演出できる表現を多用

他人に本心をみせないことが腹黒い人の特徴のひとつ。「○○みたいな」「なんか○○」「○○っぽい」「○○って感じ」などと、言いきるのを避け、かりそめの好印象を演出するあいまいな表現が口グセだと腹黒いかも。

▼ QUESTION 35

映画館に
デートに来ています。
パートナーが
すすめてきたけど、
あんまりみたくない
映画は何？

A SF映画

B コメディー映画

C ファミリー映画

D 歴史映画

ANSWER 35 ◀◀◀

世のなかに劣等感がない人はいない！

「ココロの劣等感」がわかる！

A

クリエイターや個性的な人に劣等感を持つ

SFをみたくないというあなたは、**自分は無個性だと決めつけているのかも。豊かな想像力を持った人や、個性的な表現力を持ったアーチストなどにコンプレックスを感じる**タイプ。自分にはクリエイティブな才能はないと自覚しているなら、審美眼を磨いて批評家になるのもいいかも。

B

マジメすぎて余裕がない能力に劣等感アリ

コメディーをみたくないあなたは、自分の能力に劣等感がある。**人を笑わせることは、頭の回転が早くないとできない知性的なこと。あなたは、頭がよく勉強もできて努力もするのに、テキトーにやっているようにみえる同僚に実務で劣る。**融通が利かないのが一因なので、少し肩の力を抜こう。

みたくない映画は、自分のみたくない部分につながる。恥ずかしくてひた隠しにしている、ココロのなかの劣等感やコンプレックスが判明！

C

手に入らない愛を 強く求めている 愛情面に劣等感

あなたは、真実の愛を求めているのに、手にしていない。**みんな、ココロから愛する人を得ているけれど、自分はこのまま一生巡り会えないのではという恐れを感じている。**援助がほしいときも自分で解決しようとがんばるタイプ。愛は与えないと与えられないものだと理解して、行動に出よう。

D

強い現実逃避願望 少し休んでから 立ち向かう努力を

歴史映画は過去の現実を再現するもの。あなたには、**現実から目をそむけて引きこもりたい欲求がある。ほかの人のように、現実のなかでうまくやっていけないことにコンプレックス**を持っている。とても疲れているなら少し休んで、意欲が出てきたら、現実に立ち向かってみるのもいい。

劣等感を持っているだけではコンプレックスがあるとはいえない

KEY WORD 劣等コンプレックス

劣等感を処理できないためにあらわれる感情のしこり

心理学者のアドラーは、劣等感に基づく「劣等コンプレックス」について研究した。子どもが、自分は無力で大人の支配下にあると感じることが、自己の存在にかかわる劣等感を抱く理由。これがほかの領域までおよび、劣等感をうまく処理できない場合にあらわれる感情のしこりが「劣等コンプレックス」だ。

一般にコンプレックスと呼ばれて、劣等感からくる無力さや、自分の負の部分を感じたときの不快な感情と同じものと考えていい。

劣等コンプレックスを感じやすいのは、身体的条件、容貌、性、能力、社会経済的条件の5つの領域。○○さんより背が低い、学歴が低いなど、相手に優位性がある場合に劣等感を持つ。劣等感自体は誰でも感じることがあるけれど、劣等感の処理がうまくいかずに劣等コンプレックスが増えすぎると、精神的

につらくなってしまう。

劣等コンプレックスを克服するには、劣等感をうまく処理することが一番。まずは何に自分がこだわるタイプか知ること。こんなことにこだわるとわかるだけで、ココロが軽くなることも。自分の劣等感と向き合い、分析しているうちに処理の仕方がつかめてくる。

心理学 column

ユングによると劣等感とコンプレックスは異なる

ユングはコンプレックスを「感情に色づけされた心的複合体」と名づけた。自分のこだわりを他人から指摘され、認めたくないことから複雑なココロの動きが生じる。それがコンプレックスだという。

QUESTION 36

小学校の同窓会に参加したあなた。
貧しかった家の事情で急に引っ越してしまった
仲のよかった友達と
20年ぶりに再会しました。
友達は名家の御曹司と結婚し、
セレブママとして雑誌にも
ときどき登場しているみたい。
「すごい！」と言ったあなたですが、
ココロのなかではどう思っていますか？

A

幸せになっていて
本当によかった！

B

有名人の友達が
できてラッキー♪

C

ご主人の仕事が
失敗してしまったら、
どうするの？

D

名家って、
嫁姑とかめんど
くさそう……

ANSWER 36 ◀◀◀

人をねたむ気持ちはココロのなかに咲く悪の華

「ねたみ度」がわかる！

A

打算的な偽善者タイプ ねたみ度100%

ズバリ！ **あなたは偽善者タイプ。**「人の幸せを喜べるココロが広くて魅力的な人」という周囲からの賞賛を期待し、自分の評判をあげるために相手をよく言っているだけなのは明白。**打算的で親切には親切の見返りを求めるタイプのため、お返しがないと思いも寄らない攻撃をしてしまう**かも。

B

近くの人をねたみ自分の幸せを追求 ねたみ度60%

あなたは「おまえのモノは俺のモノ。俺のモノは俺のモノ」というジャイアンの名台詞のような**自己中心的なタイプ。**他人の幸せには興味がなく、**自分の幸せを追求するためなら、他人が不幸になっても構わない**ところがある。隣の芝生は青くみえるというとおり、近くの人をねたむことが多い。

勝ち組の同級生への気持ちは、あなたのなかに巣食う「悪」の象徴。
ねたみや嫉妬心がわきあがったら、ブラックなモノを持っている証拠。

C

ネガティブで執念深いタイプ ねたみ度 20%

「失敗」というキーワードを選んだあなたは、**ネガティブな人。頭の回転は速いが、悪いほうへ考えが進むタイプなので、なかなかココロを開けない。そもそも自分が幸せになるはずがないと思っている**ので、ねたみ度は低い。が、傷つくのは怖いので、嫌なことをされると一生恨むほど執念深い。

D

下克上だけは許せない！ ねたみ度 50%

自分より下だと思っていた相手に追い抜かれるような下克上に強く反応して、**嫉妬心から激しくねたむタイプ。しつこい性格なので、ネチネチと嫌がらせをする**ことも。ただ、同レベルの相手に追い抜かれた場合は、自分の無力さをひしひしと感じ、それを糧に奮起して努力する傾向もみられる。

うらやましさに憎らしさが加わって ねたみや嫉妬という負の感情に

ねたみや嫉妬をパワーに変えて ほしいものを手にいれよう

自分より会社や学校での成績のいい人、経済的に裕福な人などを「うらやましい」と思うのは、人間として誰もが持つ自然な感情だ。そのうらやましさに憎らしさがプラスされると、ねたみや嫉妬という強い感情になる。自分がほしいのに持っていないモノを相手が持っているので、ねたみや嫉妬を感じるのだ。

KEY WORD ねたみ、嫉妬

ねたみや嫉妬の感情は、誰にとっても嫌なものなので、あってはいけないものだと思っている人もいる。でも、心理学的には悪い面だけではない。

同期が出世したり、友達にすてきな恋人ができたりした場合、ねたみを感じる人は多いだろう。でも、それが世界的な大富豪やハリウッドセレブ同士のカップルになると、ねたみや嫉妬も感じなくなり、「うらやましい」と思うだろう。人間は自分が手にいれられる

「ねたみ」の感情をプラスに変えてワンランクアップ！

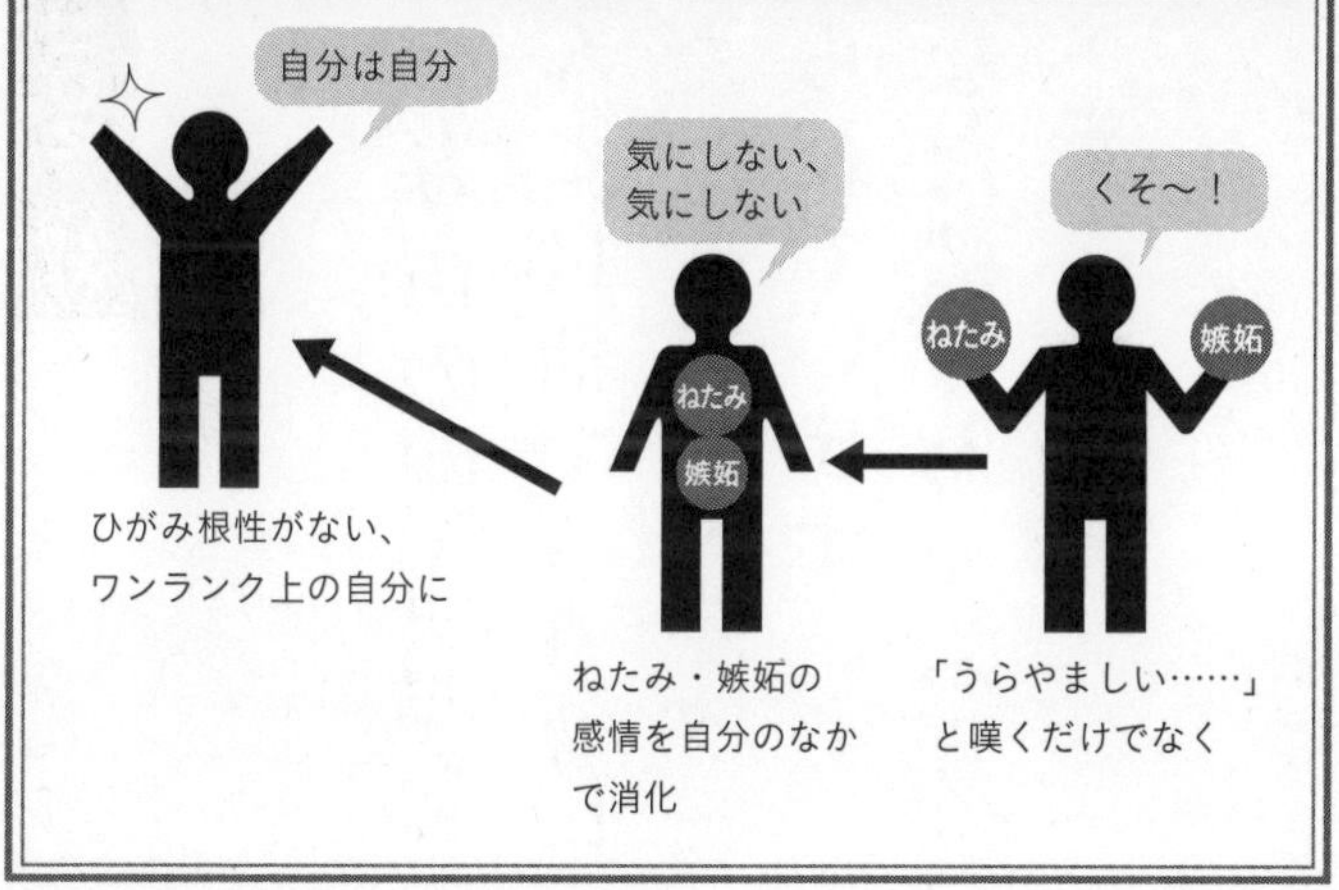
自分は自分
気にしない、
気にしない
くそ〜！
ねたみ
嫉妬
ねたみ
嫉妬
ひがみ根性がない、
ワンランク上の自分に
ねたみ・嫉妬の
感情を自分のなか
で消化
「うらやましい……」
と嘆くだけでなく

可能性があると思ったモノしか、ねたみの対象としないようだ。最初に述べたように、これらは根本的には同じ感情だ。

　ねたみや嫉妬を悪い感情だと否定せず、自分が本当にほしいものを理解し、手にいれようとする。ねたみを前向きにとらえ、パワーにつなげることも可能だ。

心理学 column

苦労話と思いきや自慢とねたまれないために

世間では、ねたまれて困っている人も結構多いそうだ。ねたまれないコツは、家族の話をしすぎないこと、苦労話はほどほどに、という２点。自慢話になることも多いので、プライベートな話題は避けるほうが無難。

回転寿司の開店記念セールで、
なんと10皿で500円！
ただし、寿司ネタは10種類に
限られています。
あなたはどんなふうに
食べますか？

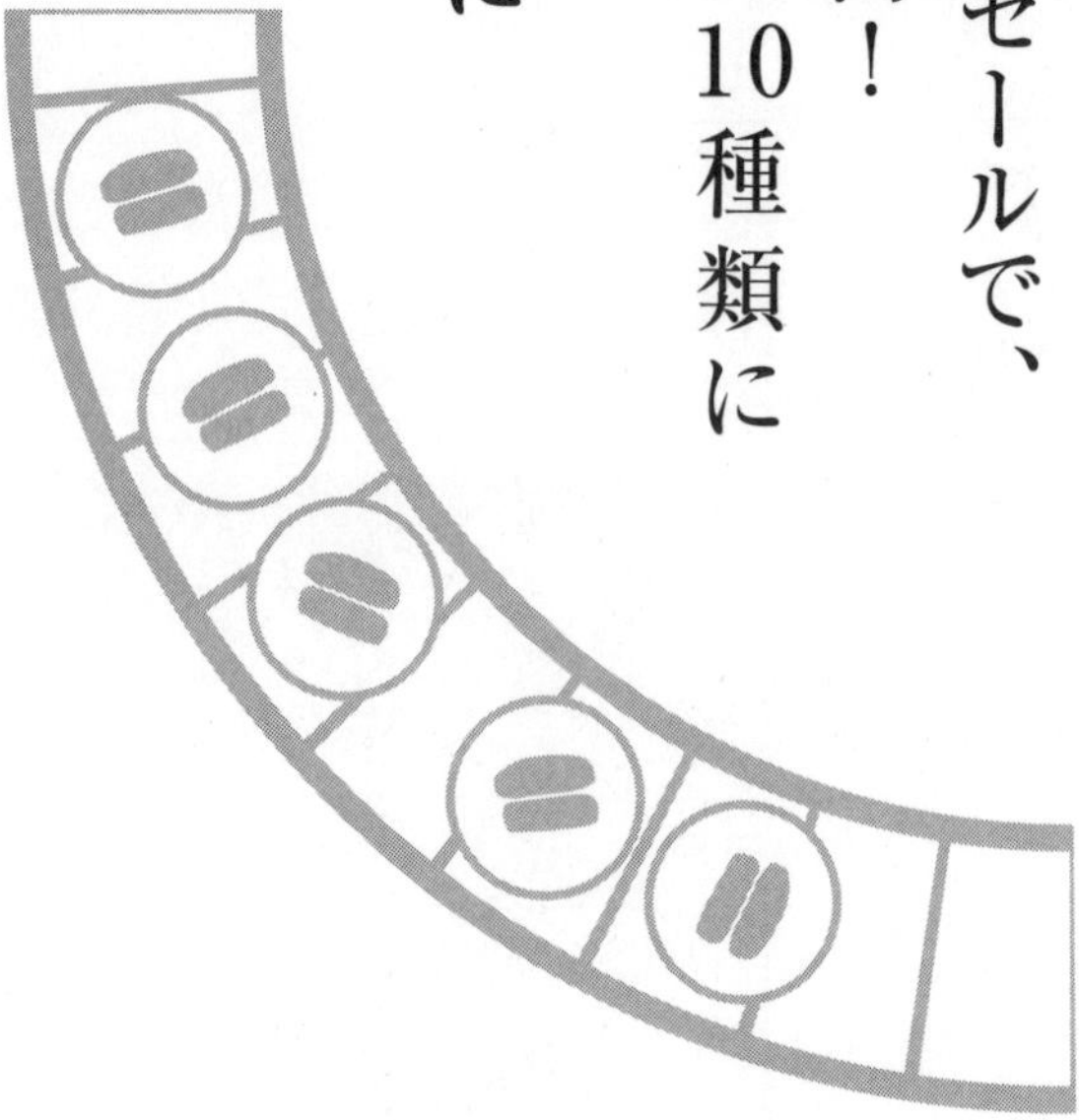

A

一番大好きなネタ
１種のみ食べる

B

好きなネタを３種類
厳選し、一番好きな
ネタをもっとも多く
食べる

C

好きなネタを６種類
注文し、そのなかの
気にいったネタをまた
食べる

D

10ネタ全部を
食べる

私の幸せはいったいどこにあるの？

「幸福のツボ」がわかる！

A

**無風こそ幸せなり
座右の銘は
「平穏無事」**

あなたは、**何も起こらないことこそ幸福と感じる。現状維持が大好きで、新しいことをはじめるのに二の足を踏む**タイプ。人間関係でストレスを感じるくらいなら、誰ともつき合いたくないと思っているだろう。潜在的な可能性があるので、なんでもいいから新しいことにチャレンジしてみよう。

B

**現実的で堅実派
身の丈に合った
幸せをみつけそう**

現実的な性格のあなたは、**置かれた環境のなかで、相応の幸福を求めるタイプ。きっと周辺の人たちといい関係を築き、ささやかな喜びを見出していける**だろう。ただ達観しすぎているため、特別おもしろいことが起こらない人生となるかも。幼いころの夢を思い出し、追いかけてみるのもいい。

ほしい品物に対するあなたの行動で、幸福にかんする思いこみがわかる。ココロの幸せを得るためのポイントをこのテストで探してみよう。

C

人と比べて自分が上だと幸せを感じられる

自分と他人を比較して、自分が相手より恵まれていると感じれば満足できる人。相手のほうが恵まれていると感じた場合は、自分の幸福度の急落を感じる。 ネットやテレビ、口コミなどの情報に踊らされやすいタイプ。たまには情報を断ち切って、一番大切なモノは何かみつめてみるのがおすすめ。

D

ほしいものはすぐに手にしたい自由な夢追い人

選択肢が多いことに自由と幸福を感じる人。自由を愛するあなたは、義務や責任を嫌い、束縛されることを避ける。 ほしいと思ったモノは、すぐに手にいれようするけれど、手に入った途端、興味をなくして別のモノがほしくなるタイプ。今自分が手にしているモノに目を向け、感謝すること。

幸せそうな人と不幸そうな人はどこがどう違うのか？

KEY WORD プラス思考

幸せパターンの考え方と不幸せパターンの考え方

人生は幸せばかり起こるわけではなく、不幸ばかりということもそうない。でも、世のなか、確かに幸せそうな人と不幸そうな人がいるように感じるのは、どこが違うのか？

たとえば、金銭的にギリギリの結婚生活を送っているとしよう。このとき「お金さえあれば幸せなのに」と思うのは不幸パターンの考え方。幸せパターンの場合は、「お金はないが○○はある！」という考え方になる。

ある心理学者が行った調査では、お金持ちのうち4割弱が普通の人より幸福感が低いという結果が出た。お金があることよりも、どう考えることができるかが幸不幸を左右するということだ。

人間はどのような状況・環境でも、物事をポジティブに、プラス思考でとらえることができれば幸せを感じることができるのだ。

幸せになる考え方

幸福感の決め手になるのは**「考え方」**

トップダウン説

個人の性格や考え方が幸福感を左右するという考え方。

有名企業ではないけど、みんないい人だし、仕事のやりがいもある！

彼氏はいないけど、趣味に没頭できて楽しい！

キャリアはひと休みだけど、子どもがかわいいから幸せ！

どのような状況においても、物事のプラスの面に目を向けることができれば幸せを感じる。

ボトムアップ説

プラスのできごとの数が幸福感を左右するという考え方。

一流企業に就職できていれば……

彼氏がいれば、ハッピーな人生だったのに……

子どもがいなければキャリアウーマンになっていたのに……

「たら・れば」にとらわれると、いつまでたっても幸せを感じることはない。

▼ QUESTION 38

この絵の背景に色をつけるとしたら何色ですか？

A
晴天のような
水色

B
夕焼けのような
オレンジ

C
夜のような
黒

D
曇り空のような
灰色

空気を読めないのはそんなに悪いこと?

「K(空気)Y(読めない)度」がわかる!

A

見たままで判断 雰囲気を察して KY度 90%

悲しい感情が漂う絵の背景に空の水色を選択したあなたは、**普段からみたまま聞いたままの印象だけで物事を判断する。あえて空気を読まず、鈍感な人と思わせて不要なトラブルに巻きこまれないようにガード**しているよう。世間をわたっていくためのスキルとして、KYでいるのかもしれない。

B

先入観にとらわれ 思いこみが強い KY度 70%

あなたが選んだ夕暮れのオレンジ色の意味するものは、情緒的なつながり。**無意識に情に流されるのを避けて、独自のフィルターで物事をみる面がある。KY度は高めのタイプ。**自分では正しく空気を読んでいるつもりでも、先入観から実際には読み間違えることも。色眼鏡でみないように注意。

背景に色をつけることで作品がガラリと変わる。どんな色を使ったかで、あなたのその場の空気が読めない度をチェックできるのだ。

C

深読みをして あえて黒を選択 KY度 50%

絵の雰囲気から黒い背景を選んだあなた。**表層にあらわれないトラブルやわだかまりにも注目した細やかさは長所。**ただし、表面にあらわれているモノを軽くみる習慣がつき、**裏読みばかりになっていそう。自分では空気を読んでいるつもりでも、実際ははずすことがある**のでＫＹ度は半分くらい。

D

何色にも染まる 無難な灰色 KY度 0%

黒と白が混ざった灰色は無難で主張がないため、あらゆるシーンに溶けこむ色。しかも悲しい絵の背景なので、絵の空気を読めば灰色は雰囲気にぴったりなはず。**本音や計算、隠れた利害関係などの、誰もが隠して口にしないようなことを察する能力に長けたあなた。空気を読む達人**かも！

セルフモニタリングは自分を見守りコントロールしていく能力

KEY WORD セルフモニタリング

空気を読みすぎると疲れを感じてしまうことも

「セルフモニタリング」とは、人間関係のなかで自分のことを見守り、コントロールしていく能力を指す。この能力は持って生まれた性格や、環境で形成されていくもの。高い・低いということには個人差があり、たとえばセルフモニタリングが高いと、自分の状況を素早く把握して状況に合った行動が取れるため、空気を読むことが得意なワケだ。

セルフモニタリングが低いと、そもそも周囲に関心が薄いので状況を読むのが苦手。相手の気持ちや行動に合わせず行動するので、空気が読めない人と判断されることが多い。

とはいえ、セルフモニタリングが高く、空気が読めるといいというワケでもない。セルフモニタリングが高いと、空気を読みすぎて相手に合わせることに疲れを感じることも。

逆に、セルフモニタリングが低い場合は自分

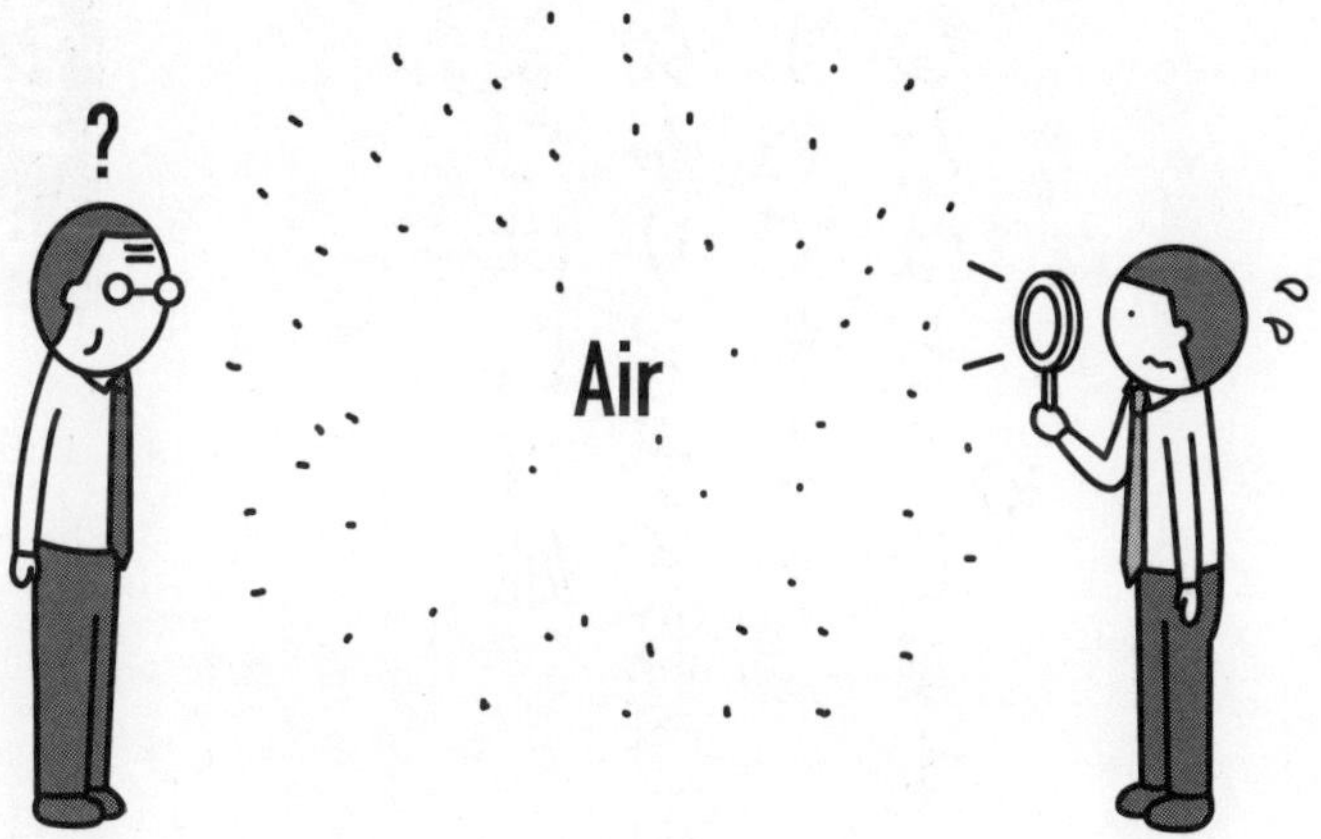

の世界を持ち、スタンスを変えないので信頼できると評価されることもある。

人間関係をうまく築いていく上で、セルフモニタリング能力は必要だ。まわりに合わせて疲れるほどにすることはないけれど、まったくセルフモニタリングがないのは考えもの。必要なとき、適度に使えるといい。

心理学 column

他人のクセやしぐさから空気の読める人になる

空気を読むには、相手やその場の意図や感情を読み取り、適切な応答をすること。まずは相手からの情報を受信する力を身につけたい。たとえば、会話中の目の動き。ウソをついていると目線が右へいくことが多い。

あなたは白雪姫。
魔女がリンゴを食べるように
すすめてきます。
あなたはどうしますか?

A 食べない

B 右のリンゴを食べる

C 左のリンゴを食べる

D 真んなかのリンゴの実を食べる

ANSWER 39 ◀◀◀

だますより、最後までだましとおされたい!?

「お人好し度」がわかる！

A

よく見極めよう！お人好し度 ★★★★★

「食べない」を選んだあなたは、これで危険を免れたと思っているだろう。でも、**実はだまされやすさ100%。魔女の言葉を信じたように、他人の言葉をうのみにして受けいれてしまう超お人好し**タイプ。面倒な事態になると思考停止グセが出るので要注意。よく考えてだまされないように。

B

右を選んだ理性派 お人好し度 ★★★☆☆

左脳に支配される右を選んだあなたは、**確認しながら検証して答えを導き出す人。判断を誤ってだまされることも起こるけれど、間違えた箇所を特定できるため、ダメージが少なくてすむ**だろう。好きな相手でも、情に流されることがないので、恋愛面でだまされるということはまず起こらない。

魔女の言葉を信じた白雪姫は死んでしまった。魔女の言葉をどう受け止めるかで、あなたのお人好し度＝だまされやすさがみえる。

C

直感だけが頼り！
お人好し度

★★☆☆☆

右脳は感性を司るといわれ、左側を支配している。その左を選んだあなたは、**理屈ではなくて感情・感覚で判断するタイプ。特に恋愛面では、野生のカンともいうべき直感で真実をかぎ分け、だまされることは少ない**はず。あなたがだまされる相手は、きっと百戦錬磨で何枚も上の超上級者。

D

バランスはいい
お人好し度

★★★★☆

真んなかのリンゴを選んだ人は、右脳と左脳をバランスよく使う人。**右脳が直感的にやめたいと感じているのに、一度決めたことだからと左脳的な考えで強引に決行すると間違いのもと**に。嫌な予感がしたのにだまされたという場合は、左右で意見が合わないときなので、迷ったら中止する。

深層心理による説得のテクニック　だまされないために方法を知る

KEY WORD　フット・イン・ザ・ドア・テクニック、ドア・イン・ザ・フェイス・テクニック

一貫性の法則や返報性などの心理的テクニックを駆使する

まずは、「フット・イン・ザ・ドア・テクニック」。訪問販売などで多く使われるテクニックで、段階的説得法とも呼ばれる。最初に無料のサンプルによるアンケートへの協力を依頼。この後、本来の目的である商品の売りこみをするという方法だ。アメリカでの調査では、最初の依頼に応じた人のなかで商品を買った人は8割にものぼるという。これは、「一貫性の法則」がはたらくことによる現象で、自分の言動に一貫性を求めてしまう深層心理に突き動かされたことで起こる。

もうひとつは、「ドア・イン・ザ・フェイス・テクニック」。譲歩的要請法とも呼ばれ、最初は期待の少ない無理な依頼をし、それを取り下げてもう少し簡単な依頼をする。そこで相手のココロには、最初の依頼を断ったという罪悪感が発生し、次の依頼を飲みやすくな

セールスで使われる「ロー・ボール・テクニック」

まず好条件を出して承諾を得てから、不利な条件をつけ加えるという要請方法。日本では承諾先取要請法とも呼ばれている。

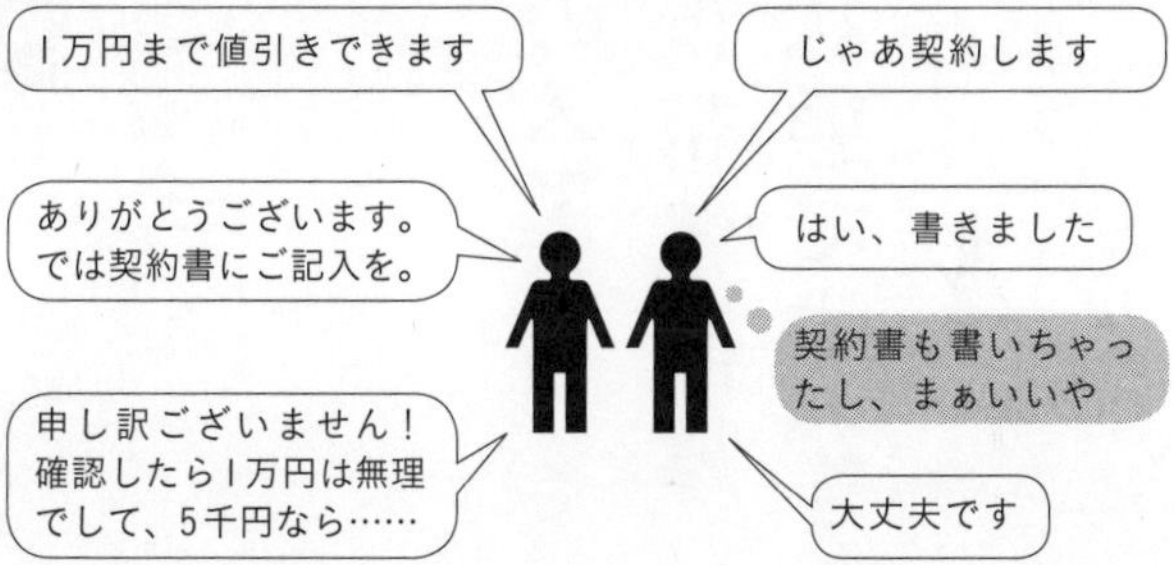
1万円まで値引きできます
じゃあ契約します
ありがとうございます。
では契約書にご記入を。
はい、書きました
契約書も書いちゃったし、まぁいいや
申し訳ございません！
確認したら1万円は無理でして、5千円なら……
大丈夫です

る。１万円の商品を断った後なら、３千円の商品ぐらい買ってもいいか、と思いがちだろう。もらったらお返しをするという「返報性」のルールによって、譲歩させたのだから譲歩すべきという心理がはたらくせいだ。さらに、「知覚のコントラスト」で実際以上に価値が小さくみえる効果も使っている。

心理学 column

恋愛において だまされやすいのは女性

女性は相手の本心より、伝えようとすることを真実だと受けいれてしまう傾向が強い。そのため、恋人のウソや甘いささやきを信じることが多々ある。ただし、恋愛中の女性は男性よりも相手のウソに敏感らしい。

QUESTION 40

あなたのスマホ、または携帯電話はどんな状態ですか？

A

・ゴテゴテにデコしたケースに入れている
・キャラクターやブランド品のストラップをつけている

B

・革などを使用した高級なケースにいれている
・ビーズなどのアクセントがあるストラップをつけている

C

・シンプルなケースに入れている
・シンプルなストラップをひとつつけている

D

・ケースに入れていない
・何もつけていない

ANSWER 40 ◀◀◀

洗脳されるほどのカリスマに出会ったらどうなる!?

「洗脳されやすさ」がわかる！

A

**気をつけて！
一途なタイプで
洗脳一直線**

いつでもどこでも持ち歩く携帯をゴテゴテに飾っているあなたは、**何事にも一途なタイプ。洗脳されやすく、あっという間にハマりそう。**幸運を呼ぶパワーストーンなどをすでにたくさん持っているのでは。通信販売のあやしいグッズや、宗教団体、寄付金要求にくれぐれもご用心！

B

**強いこだわりから
一度ハマると
洗脳されやすそう**

携帯ケース、ストラップにもこだわりが出ているあなたは、**自分の好みをしっかり持つ人。それゆえに、一度気にいってしまうと、とことんハマる**タイプ。かなり洗脳されやすいだろう。「自分は大丈夫」と思っていても、悩みに効くなどピンポイントで狙われるとあっという間に洗脳される。

携帯電話は愛着のある対象を意味し、その装飾品は愛着のある対象へのハマり方や、洗脳されやすさといったものを示唆している。

C

執着の少ないクールなタイプ 洗脳には強い！

シンプルなケース&ストラップというあなたは、**人や持ち物にこだわらない冷静なタイプ。基本一匹狼で、つき合い程度ならサークルなどにも参加するかもしれないけれど、会社組織になじめない傾向もある。**あなたを洗脳するのは相当根気が必要なので、洗脳される可能性は低いだろう。

D

洗脳する側もハダシで逃げ出す強力な非洗脳人間

必要最低限のものだけでOKというあなたは、**なくても困らないものは持たない・買わない・身につけない信念の持ち主。洗脳する側にとっては天敵で、逆に洗脳する側にまわれば最適のキャラかも。**洗脳耐性はもっとも強く、自分しか信じず、募金や寄付金は払ったら負けと思っているはず。

マインドコントロールで自覚しないうちに思考や行動を操作

KEY WORD 洗脳、マインドコントロール

洗脳とマインドコントロールは学問上は大きな違いがある

「洗脳」は、今までの自己アイデンティティを破壊して新たなアイデンティティを信じこませる手法。一方の「マインドコントロール」は社会心理学のテクニックで、本人が自覚しないうちに思考や行動を操作することをいう。

マインドコントロールは、洗脳のように暴力的な方法はとらないけれど、睡眠や食事を制限する、つねに疲労した状態にさせるなどを延々と続けて思考力を低下させ、反抗心を取り除いてしまう手法だ。

13年間で5億円を搾取されていたというあるタレントは「自分だけは、絶対引っかからない」と思っていたという。責任感が強く、しっかり者という人ほど高い自尊心を持つ。その自尊心を守るためにマインドコントロールされたことを認めたくないという心理がはたらくという。

マインドコントロールされる４段階ステップ

マインドコントロールには一定の方法がある。さまざまな環境をコントロールされた結果、人はいともたやすく感情や思想をコントロールされるようになる。

1．行動のコントロール

「あれをしなさい」「これをしなさい」「あれはしてはいけない」「これはしてはいけない」といった具合に細かい行動の指示をされる。誰とつき合うか、どこに住むか、何時間寝るか、夫婦間のやりとりなどをこと細かく指示される。

2．思想のコントロール

自分たちの行動が正しいものであると徹底的に教えこまれる。その教えに疑問をはさみこむヒマを与えないのがコツとなる。睡眠時間やほかの情報に触れる時間や機会は徹底的に奪われる。

3．感情のコントロール

恐怖と不安をあおり、感情をコントロールされる。命令に反した場合には、激しく責められるのみならず、恐ろしいことが起きるとたたきこまれる。

4．情報のコントロール

外部の情報に自由にふれることが禁止され、そうした情報の誤ちを自分たちの理屈に合わせた説明でたたきこまれる。

こうした統制を行われることで、人は次第に認知を歪めていく。そして、自分の考えや行動が正しいかどうかを判断する客観的情報がなくなっていく。このようにして、人はマインドコントロールされ、操られるがままになっていく。

どんな能力を持って
生まれたかは
たいした問題ではない。
重要なのは、
与えられた能力を
どう使うかである。

精神科医、心理学者、社会理論家
アルフレッド・アドラー

第５章

自分の隠れた才能に気づいていない!?

存在価値がわかる！「隠れ能力」診断

あなたの本当の才能に気づかないまま、長い人生を生きるのはもったいない！　心理テストであなたの隠れた才能を発見しよう！

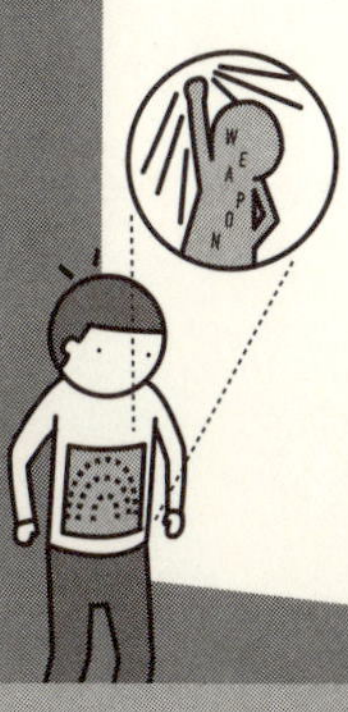

QUESTION 41

あなたは大金が入った
財布を落としてしまいました。
その財布を拾い、
あなたに届けてくれた動物がいます。
その動物はどれでしょう?

A

くじゃく

B

牛

C

ヤモリ

D

うさぎ

ANSWER 41 ◀◀◀

眠らせたままではもったいない！

「知られていない長所」がわかる！

A

芸人に向いている!? おバカのようで本当は超デキる人

美しいくじゃくを選んだあなたは、**目立つことが大好き。おバカなこともやるが、目標が定まればガッツリ努力する**タイプ。**完全主義者でもあり、一度やろうと決意したことはカンペキにやり遂げる。**熱く応援してくれる人がいればその分野の超一流になる可能性も。

B

競争は苦手だが何事にも動じない愛されキャラ

牛を選んだあなたは、**ゆっくりと確実に仕事を進めるタイプ。性格はおだやかで、競争には向かないが、みんなに愛される癒やし系。**誰もがあなたには本音を聞いてもらいたくなるので、事情通でもある。その情報量を他人のために活かせば、すぐれた仲介者に。

あなたを助け、喜びをもたらす動物のイメージは、あなたのなかの資質や才能をあらわす。それらを活かすことで、あなたの人生はより輝く。

C

自分の意見がない暗い人のようで本当はハイセンス

保護色で敵の目をごまかし、もし敵に襲われたら尾を切るヤモリを選んだあなたは、**人との衝突をおそれてまわりに合わせるタイプ。陰気な性格と誤解されがちだけど、本当はセンスが豊か。**堂々と自分の意見をアピールできるようになると、感性を活かした分野で活躍できる。

D

いつもビクビク警戒しているが真の勇者！

うさぎは警戒心が強い動物。いつも耳を動かし、鼻をピクピクさせ、周囲の音とにおいをチェックしている。そんなうさぎは、**状況を客観的に判断し、敵から身を守る**能力のシンボル。あなたは**自分を臆病者だと思っているようだが、家族や仲間のために危険と戦う本当の勇気を秘めている。**

才能のある人は凡人の敵か!? できるからこそ「欲求阻止者」になる

KEY WORD 欲求阻止者

自分が組織で突出していたら力をちょっと抜いてみよう

ビジネス、スポーツをはじめ、あらゆる組織は構成メンバーそれぞれが自身の才能を発揮することによって、よりよい成績をおさめることができる。では、いろいろな方面に才能を持っていて、なんでもよくできる人がいれば、組織はドーンと発展できるはず……、のようにみえるが、そうではない。できすぎの人がいると、チーム内にストレスが高まる傾向があり、全体としては士気が下がる場合もある。できすぎの人は普通の人にはみえない欠点もみえ、よりカンペキなものにしようとする。カンペキをめざせば、より時間も労力も必要となる。できすぎの人は、普通の人の「テキトーなところで仕事を終わらせたい」「早く帰りたい」といった欲望を阻止する、「欲求阻止者」になってしまうのだ。

もしあなたが年齢や経験のわりにできすぎ

ると、上司や先輩から「かわいくないヤツ」と嫌われてしまう危険性が高い。あえてペースダウンをしたり、すべて自力で解決しようとせずに先輩にアドバイスを求めてみるなど、「アイツもまだまだ」と感じさせる場面を意図的につくってみては。周囲に嫌われ、せっかくの才能がムダにならないように。

心理学 column

隠れた才能を引き出す「才能心理学」とは？

心理学にはさまざまな分野があるが、最近は「才能心理学」というものも。それによると、才能とは「ココロを突き動かす感情を行動に移した結果、生み出される能力」であり、あなたの人生のルーツになる。

▶QUESTION 42

デートの待ち合わせ時間5分前。もうあなたは待ち合わせ場所に着いています。恋人から電話がきて、デートはキャンセルになってしまいました。あなたはどうしますか？

A　何もしないで帰る

B　すぐにこられる友達を呼んで遊ぶ

C　せっかくなので買い物や映画をみて楽しむ

D　ランチやお茶をしてちょっとだけ時間をつぶして帰る

ANSWER 42 ◀◀◀

まわりに自分のことをどれくらい伝えている?

「感情発信力」がわかる!

A

相手に気を使って言葉にできない発信力なさすぎ

何もしないで帰ると、その時間が無駄になるのに、今日は仕方ないと考えるあなた。恋人に「すごく会いたかったのに残念だな」と伝えていないのでは。**相手に気を使わせないようにと、気持ちを伝えないのは逆効果。思いやる気持ちを言葉にしたほうが相手は喜ぶ。**それは相手が誰でも同じこと。

B

いつも自分全開自分らしさ丸出し発信力MAX

友達がたくさんいるのは、誰にでも自分の考えや経験を上手に話せるから。デートをキャンセルされた状況も包み隠さず伝え、**友達を呼び出すことに成功したあなたは、自己アピール力がとても高い。ただし、自分ばかり話をして、マイナスの印象を与える**ことも。ときには聞き役になろう。

デートのキャンセルという残念な状況を、他人に伝えてコミュニケーションに活用するかどうかで、あなたのアピール力がわかる！

C

自分で自分を演出
本当はどんな人？
アピールは演技

行動の切り替えが早いあなたは、**場面ごとに違う自分を演出できるタイプ。どういうキャラを演じるか、いつも計算している。**でも、その演出がウソっぽくなっているときも。自分の本当のキャラとあなたが演じているキャラは、かなり違うのかも。あなた自身を大事に、愛してあげてほしい。

D

１対１なら大丈夫
大勢の前では借りた猫
発信力は微妙

あなたがお茶やランチをするのは、後で恋人に店の様子や食事の内容を伝えたいから。**ひかえめな性格だけど、特定の相手に対してはちゃんと自己アピールができる**あなた。一方、知らない人や大勢の前では緊張して、借りてきた猫のよう。体を動かすなど、何かリラックス方法を取りいれて。

自己アピール以前に自己の確立が大事
中年にはアイデンティティの危機が⁉

KEY WORD
アイデンティティの危機

アイデンティティを人生の節目に再構築

就職や進学の面接では、相手の好みに合わせ自己像をつくってしまうもの。普通は「つくり」の部分を自覚しているが、中には自分がつくりあげた自己像を自分で信じてしまう人も。相手に合わせているうちに、相手らしさと自分らしさの境界がなくなる場合も。

そもそも「自分らしさ」とは一体なにか。

自分らしさを認識することを、心理学ではアイデンティティという。青年期にはアイデンティティが混乱しやすいが、それを乗り越えることで、アイデンティティが確立される。言いかえれば、自分が完成するのだ。しかし、中年期になると、肉体の衰えや環境の変化により、いつしか「自分」が変わっていたことに気づく。そして、いい年の大人なのに、「自分とは何か」の問題でまた悩む。こうした「アイデンティティの危機」は、老年期の入り口

「アイデンティティ」とは自他ともに認める自分像

主観的・客観的、両面からみて一致し、かつそれに価値を感じることができることが重要。

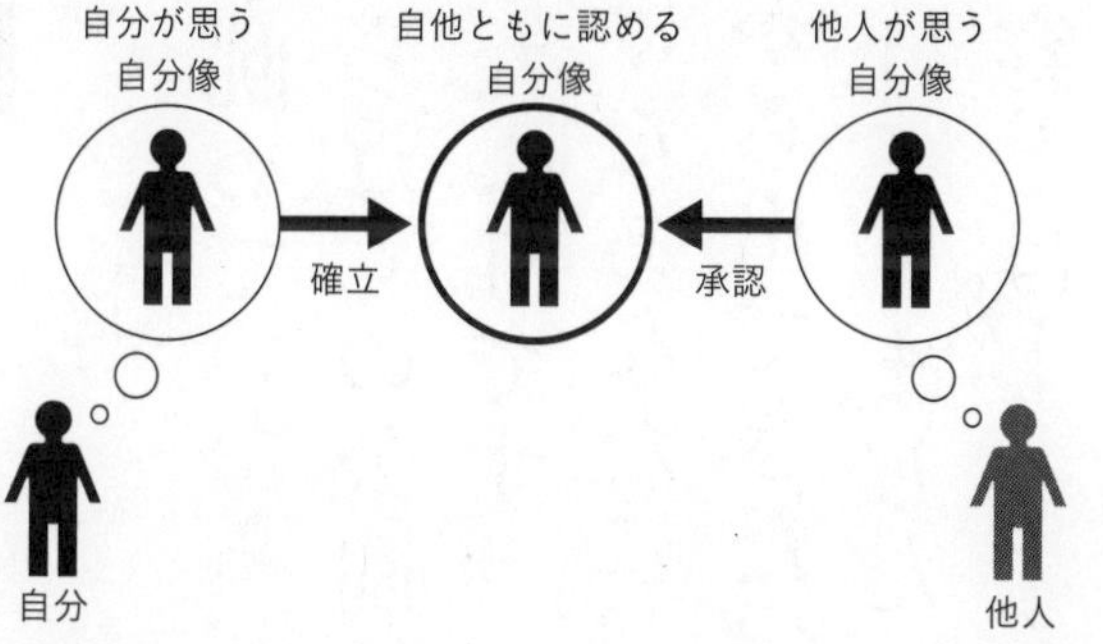

にも訪れる。心理学者のエリクソンは、人生の節目にあらわれるアイデンティティの危機を、人間のさらなる成長に必要なものとみていた。もしあなたが四十代で、最近「自分がどういう人間かわからなくなってきた」と感じていても、心配しなくていい。あなたは正常に大人の階段をのぼっているだけだ。

心理学 column

長短の「両面提示」で自己アピール上級者に

人間は物事の長所ばかり言う人よりも、短所も説明する人のほうを信頼する。その心理を利用し、長短をアピールする方法を「両面提示」という。就職の面談では、自分の長所だけでなく短所についても語ろう。

夜空を眺めていたら、UFOが!!
どうやら近くの公園に
墜落したようです。
かけつけたあなたに、
UFOから出てきた宇宙人が
話しかけてきました。
その内容とは?

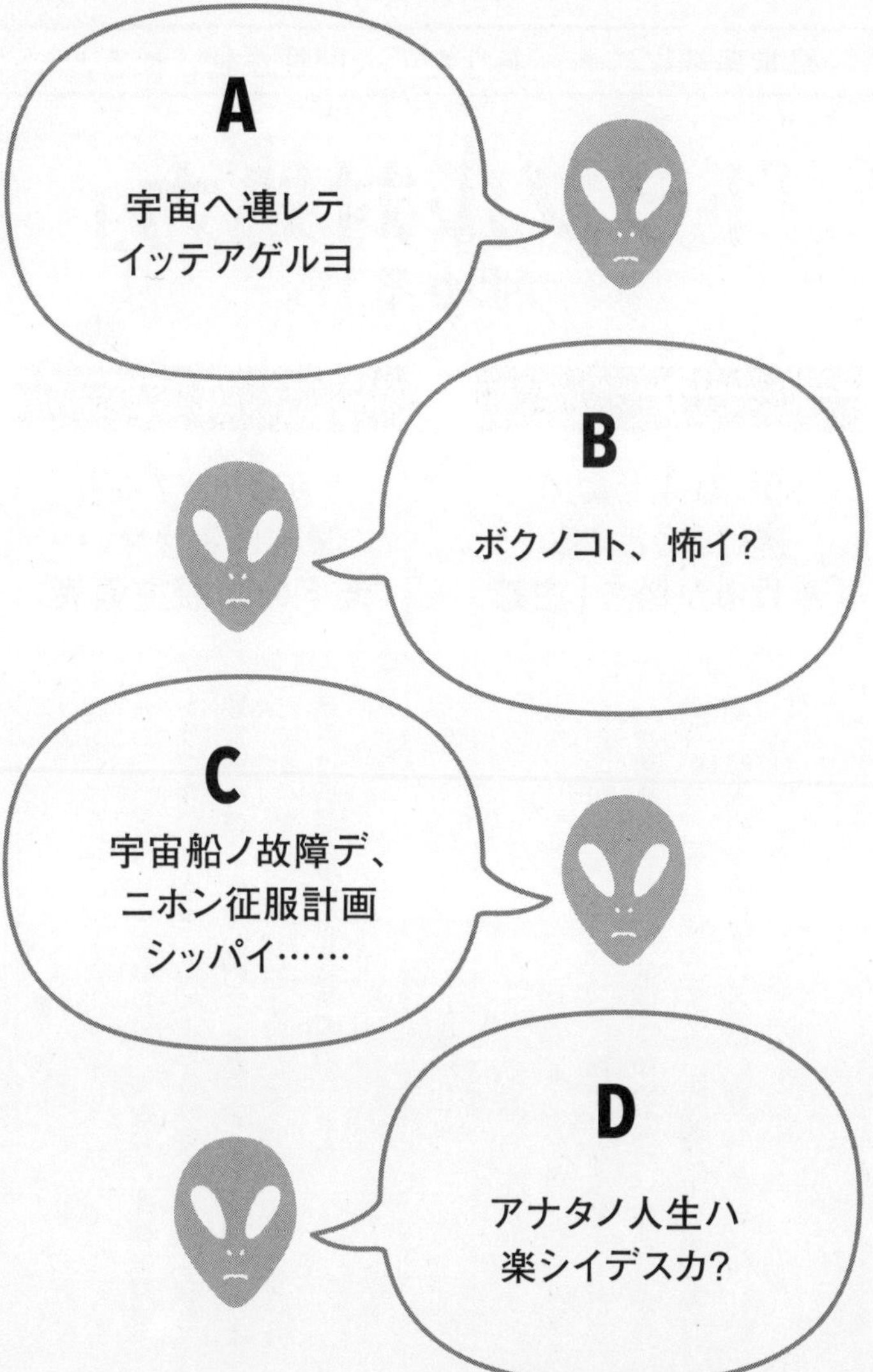
A
宇宙へ連レテ
イッテアゲルヨ
B
ボクノコト、怖イ?
C
宇宙船ノ故障デ、
ニホン征服計画
シッパイ……
D
アナタノ人生ハ
楽シイデスカ?

ANSWER 43 ◀◀◀

異常事態にこそ、あなたの人間性が試される！

「トラブル対処力」がわかる！

A

どんなトラブルも深刻に考えない天下の楽観主義者

「宇宙に連れていってくれるなら、連れていってもらおう」と考えるあなたは、**かなりの楽観主義者。トラブルのときも、心配よりも好奇心が先に立ち、想定外の状況を楽しむことができる。**トラブルそのものを解決する能力は高くないが、**あなたの明るさは事態の深刻化を防ぐ力になる。**

B

知らぬ存ぜぬで逃げようとする「逃げるが勝ち」主義

あなたにとって宇宙人は遠方からの珍客ではなく、得体の知れない怖いもの。**怖がりなので、トラブルが起きたときは、逃げるが勝ちといわんばかりの姿勢に。「自分はわからない」を繰り返すばかりで、解決のために動こうとしない。**失敗は成功のきっかけになることも忘れずに。

宇宙人の出現は、想定外のトラブルの象徴。宇宙人との会話の内容から、トラブルに対するあなたの行動パターンがみえてくる！

C

トラブルのときに頼れる人情派 気合と人脈で解決

地球征服にやってきたとはいえ、困っている宇宙人を見捨てることのできないあなた。**義理人情にあつい男前な性格で、トラブルが起きると解決のために誰よりも汗をかく。**いつも人を助けているので、**自分がトラブルの原因をつくってしまった場合には、みんなから助けてもらえる。**

D

解決より犯人探し 自分が原因でも 他人に責任転嫁

シニカルなあなたは、**批評家タイプ。トラブルが起きると、解決策よりも犯人探しに熱中する傾向**が。自分が悪いときも、「アレをやっちゃったのは○○のせい」と**責任転嫁してしまうので、トラブルが起きるたびにあなたの人望はダウン。**趣味の犯人探しより、トラブル解決を優先して。

トラブル発生時の自己防衛は逆効果
良好な人間関係がトラブル対策に

KEY WORD フット・イン・ザ・ドア・テクニック

懸命な言い訳よりも今できることに全力を

ビジネスでも家庭でも、トラブルを完全に防ぐことはできない。万一のココロのスキルとして一番基本的なことは、トラブルが起きている状況を受けいれ、今できることを一生懸命にやること。当たり前のようだが、いざトラブルが起こると、真っ先に自己防衛に走る人が少なくない。長々と言い訳を口にするのは、その典型的なパターン。自分を守ることが、お客様や会社を守ることより優先されているのだ。これでは信頼を失ってしまう。

周囲に迷惑がかかるのをおそれ、自分だけで解決しようとするのも望ましくない。自分はそういうつもりでなくても、トラブル隠しの疑いがかかる可能性が高い。必ず報告すべき人に報告し、周囲の人の協力を得ながら解決していこう。普段から人間関係を良好にしていると、トラブルが起きたときに協力を頼

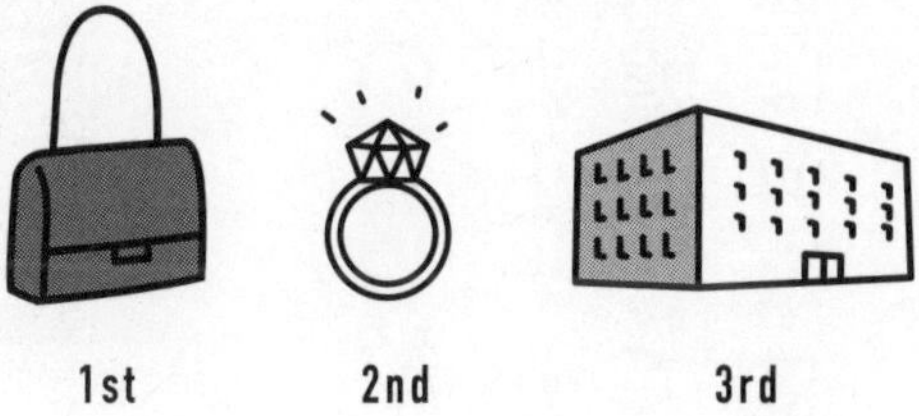

みやすい。しかし、いきなり大仕事を頼むと、相手は引いてしまう。まずは、小さい頼みを受けいれてもらい、大きな頼みはその後に。小さな願いから大きな頼みに移行させる方法を「フット・イン・ザ・ドア・テクニック」といい、訪問販売のテクとして知られる。職場で実践する前に、家庭で試してみては。

心理学 column

「お食事いかが？」はトラブル予防に有効

人間は食事中に聞いた話を好意的に受けとる傾向がある。良好な人間関係を築きたい相手とは、一緒に食事をしよう。これを「ランチョン・テクニック」という。対人トラブル予防にも効果が。お茶でも代用可能。

▶QUESTION 44

下の船の絵に、直線を足して
船だとわからない
状態にしてください。
線は何本足してもいいです。
あなたは
何本の線を足しましたか?

A

3本以下

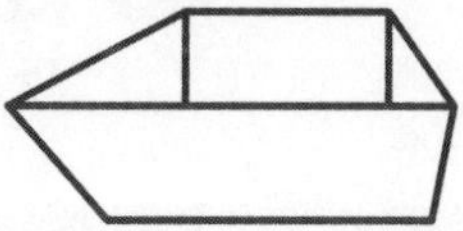

B

4～10本

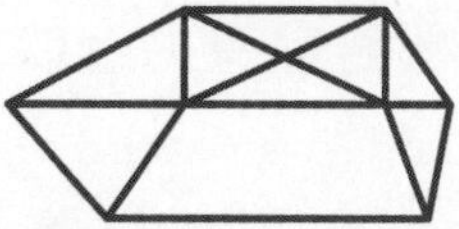

C

11～14本

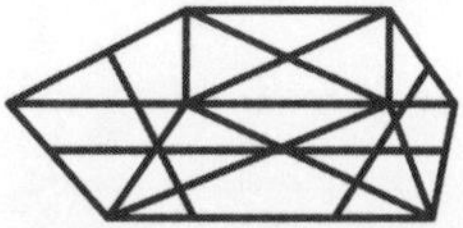

D

15本以上

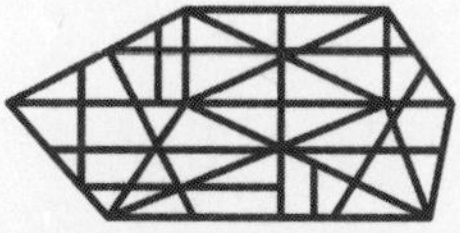

ANSWER 44 ◀◀◀

秘密を知ったらしゃべらずにいられない!?

「秘密保有力」がわかる！

A

黙っていられず
みんなにシェア
秘密保有力ゼロ

秘密を知ったら、みんなに聞かせたくてウズウズしてしまうあなた。「誰にも言わないで」と言われたら、自分も「誰にも言わないで」と前置きして人に話せばよいと考える。まわりの人はあなたのその性格をよく知っているので、社内不倫などの**ゴシップを広めたい人はあなたを利用**している。

B

秘密を仕分け
意図的に情報公開
情報操作力高め

本当に**口外できない秘密と、人に話してもかまわない秘密を、自分勝手に仕分けしている**あなた。しかも、会話を盛りあげたい気持ちから、**秘密を人に話すとき、自分の推測を加えてドラマ性を高める傾向**が。ライバルにそのことがバレたら、一気に信頼を失い、孤立してしまうかも。

船とわからなくするための線は、秘密を守る気持ちの強さの象徴。線の数が多い人ほど、口が固い。あなたは秘密を守れるタイプ？

C

ときどきポロリ
誘導尋問が苦手
秘密保有力は中

良識派のあなたは、秘密を守ることの大切さをよく理解している。が、**めでたい秘密にはガードが甘くなりがち。ついポロリと口にしてしまう**ことがある。また、人がいいので誘導尋問に弱く、あっさりと引っかかってしまう。自分でも十分わかっているだろうが、あなたはスパイに向かない。

D

秘密は墓場まで
絶対もらさない
秘密保有力MAX

あなたは**秘密を死ぬまで守りとおすことができるタイプ。ウワサ好きの人が仕掛けてくる「教えて、教えて」攻撃は、ピシャッとシャットアウト。**そのため**冷たい人と誤解されることもあるが、多くの人があなたの口の固さを信頼している。**秘密を守る精神的負担に押しつぶされないように注意。

女性の口が軽い原因は女性ホルモン!? 話す快楽でエストロゲンは上昇か

KEY WORD セロトニン エストロゲン

「女性のおしゃべりは美容と健康にも効果!?」

人は信頼できる相手にだけ秘密を話す。秘密を共有することは、お互いの信頼関係の証拠なのだ。しかし、その秘密を他人に話してしまったら、せっかくの信頼関係は崩壊。秘密をもらすのは、リスクの高い行為といえる。それにもかかわらず、女性は秘密を他人に話してしまう傾向が強いとされる。実際、社内恋愛や人事など、会社内の極秘情報はなぜか部署を問わず女性社員のほうが詳しい。

女性が秘密を守れない原因のひとつは、おしゃべりの快楽。じっとガマンして秘密を守るよりも、秘密を守ってくれそうな人に話して盛りあがったほうが楽しい。快楽を感じた女性の脳内では、幸福感にかかわる物質「セロトニン」が上昇する。その影響で女性ホルモン「エストロゲン」が上昇。ちなみに、エストロゲンは脳内の言語の領域にもはたらく

ホルモンであるため、女性のほうが言語能力に恵まれている。エストロゲンは肌のうるおい、体内バランスの維持などにもはたらく。秘密を守ることで得られる満足感と、秘密を話して得られる快楽と美容・健康効果。女性は本能的に後者により大きな価値を見出だし、秘密をもらしているのかもしれない。

心理学 column

恥ずかしい過去の告白はラブラブ関係への近道

心理学では自分の内面をみせる「自己開示」は、相手の警戒心を解く効果があるとされる。失敗談や秘密の話は特に効果が高い。気になる人と親しくなりたいときは、やや恥ずかしい思い出を話してみて。

夜中に突然、親から電話が！
いつものように、
たいした話ではないとは
思いますが……。
あなたならどうしますか？

A

ちゃんと出て、
話を聞く

B

とりあえず出て
「明日ちゃんと話
そう」と伝える

C

寝ていて気づ
いていないこと
にして出ない

ANSWER 45

その武器、ちゃんと有効活用している?

「最大の持ち味」がわかる!

A

自分を犠牲にしても他人に尽くせる幅広い人脈

眠くても、電話をかけてきた親を心配して電話に出るあなたは、**他人のために自分を犠牲にできる人。計算抜きでさまざまな場面で人を助けているため、多くの人に感謝され、職場以外にも人脈を築いていく。**「人は城」という言葉を残した武田信玄のように、人脈があなたの最大の宝になる。

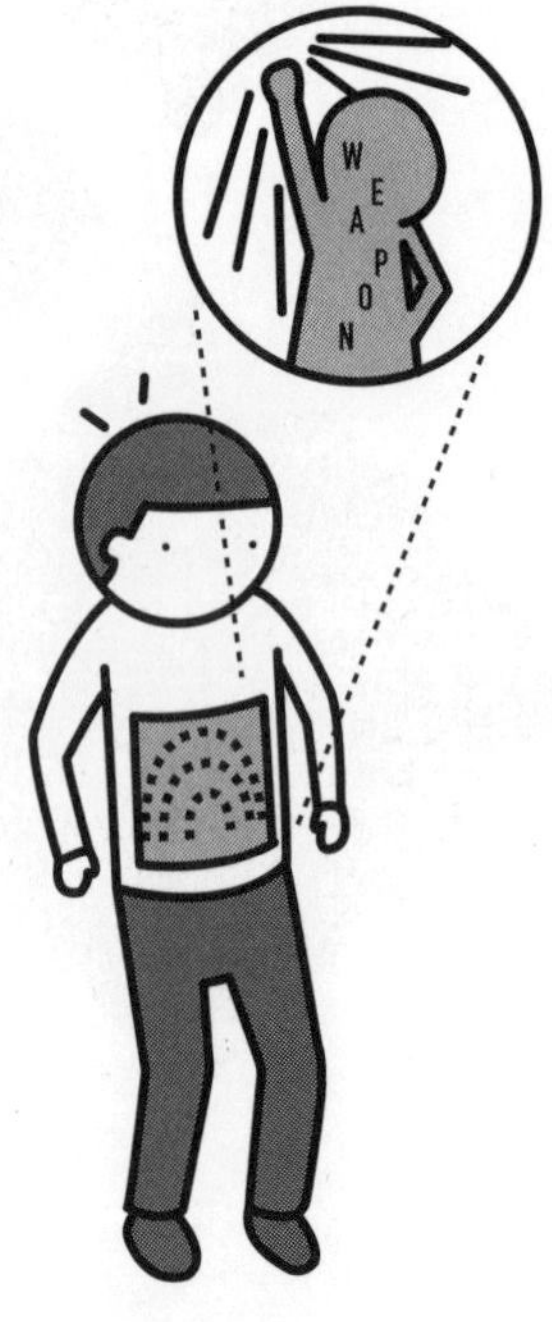

夜中の電話は、いくら親でも迷惑なもの。どう対応するかで、あなたが優先しているものがわかり、そこからあなたの持ち味・強みがわかる。

B

理論明晰にして包容力もあるコミュ力が抜群！

電話で今は都合が悪いことを説明し、**代わりの提案ができるあなたは、コミュニケーション力がある人。自分の意見をしっかり主張できる一方で、相手の意見を受けいれる懐の深さも。**どのような場面でも適切に対応できるコミュ力があなたの最大の力になる。

C

弱肉強食の世にもしぶとく生き残る生存本能が優秀

睡眠は飲食と並び生きるために必要なこと。睡眠を優先して電話をスルーしたあなたは、**動物的なまでに自己保存の力が強い人。肉食タイプなら肉食なりに、草食タイプならば草食なりに、弱肉強食の世界で生きていく術をみつける。**殺しても死なないほどの生命力！

あなたの武器はあなたのなかにある！短所は直すのではなく受けいれる

KEY WORD 長所と短所

「欠点を意識しすぎて長所を見失わないで」

あなたの武器となるものは、あなたがほかの人よりも多く、または強く持っているもの。ほかの人が武器としているものでも、あなたにないものをあなたの武器にすることはできない。もし「自分には武器になりそうなものがない」と感じているなら、短所に目を向けてみよう。人間の長所と短所は裏表であることが多い。たとえば、飽きっぽい性格は豊かな好奇心の裏返し。毎日同じことを繰り返す仕事には向かなくても、マスコミの仕事には好奇心が武器となる可能性が高い。

よく誤解されているが、短所は直さなければならないものではない。ほかの人に比べ劣る部分があったとしても、他人と自分は別の人間。同じようにできなくてはダメというのはおかしい。しかし、子どもの頃から「××ができなきゃダメ！」と言われていると、短

「短所」は「長所」になり得る！

自分の短所がわかっていたら、ポジティブワードに変換してみよう！

	ポジティブワード
頑固で融通がきかない →	妥協せずにやりとおす
せっかち →	行動的
物事に飽きやすい →	好奇心旺盛
消極的 →	慎重派
神経質 →	繊細で几帳面
周囲に流される →	協調性がある
理屈っぽい →	論理型
感情的 →	感受性豊か

所ばかりが気になるようだ。

そこで、まずは短所を直すことより、短所を受けいれて、そのままの自分を愛してほしい。考えてみれば、世界的な成功者は短所に目もくれず、長所を伸ばしてきた人たちばかり。あなたも短所の修正ではなく、長所の発展にエネルギーを注ごう。

心理学 column

凹みやすい性格は直る 反省より改善のクセを

ストレス処理の方法を「コーピング」というが、凹みやすい性格の人は、原因を繰り返して考える「反芻思考型コーピング」の傾向が。これを捨て、改善策を考えるクセをつければ、ストレスに強くなれる。

QUESTION 46

同じ形、大きさの宝箱が
4つあります。
種類は違いますが、
どの箱にもぎっしりと
宝物が入っています。
「好きな箱を選んで」と
言われたら、
どの箱を選びますか？

A

１か２の
宝箱を選ぶ

B

３の宝箱を選ぶ

C

４の宝箱を選ぶ

D

２つ以上の宝
箱を選ぶ

ANSWER 46 ◀◀◀

頭の固さはガチガチ？　グニャグニャ？

「発想の柔軟性」がわかる！

A

一応頭をひねるがひねりきれない柔軟性は普通

最初は違う箱を選んだものの、「何か違うかも」と思い直し、1または2を選んだあなた。**頭が固いというほどではないが、やわらかいというほどでもない。頭をひねって個性的なアイデアを出したつもりで、ほかの人とかぶってしまうことも。**異性のおだてにはめっぽう弱いところも。

B

可も不可もないごく平凡な常識人柔軟性はナシ

このテストはある心理学者の実験をもとにしたもので、実際の実験では**8割の人が3の箱を選択している。つまり、あなたは常識的で平凡な人。**発想の柔軟性は乏しく、平凡な発想をするのが人生を無事に生きる秘けつだと考えている。年を重ねるごとに、時代についていけなくなるかも。

どの箱も同じなのに「好きな箱」を選べという質問の裏をかけるどうかに、あなたの脳はやわらかいか、コチコチに固いかがみえてくる。

C

誘い文句にクラッ 無駄使いにご用心 柔軟性は普通

何も考えずに4を選んだあなたは、よいイメージを誘う宣伝文句に弱い。通販番組をみていると健康食品が買いたくなり、ビジネス書を手にすると仕事ができるようになる気に。売る側からすると、よいカモ。**発想の柔軟性は普通で、頑固者ではないのがとりえ。**無駄使いに注意しよう。

D

裏を読み取って 独自の対応ができる 柔軟性 MAX

質問は「好きな箱を選んで」であり、「好きな箱をひとつだけ選んで」ではない。好きな箱が2個でも3個でもOKであることに気づいたあなたは、**とても柔軟な発想の持ち主。人とは違った角度から物事をみることができる。**「変人」「宇宙人」と呼ばれる人生を歩むことになるかも。

発想が柔軟になる環境で会議しよう！休憩でリフレッシュし頭をやわらかく

KEY WORD 休憩中は遊ぶ

いつもと違う環境ではユニークな意見が出やすい

参加者が全員でアイデアを出し合うタイプの会議では、そこにいる全員が物事を柔軟に考え、おもしろいアイデアを競うように発表するのが理想的。その理想に近づく方法のひとつが、会議の環境の工夫である。いつもとは違う環境は脳を刺激し、発想を柔軟にする。このはたらきを利用してアイデアを引き出そうと、多くの企業がユニークな会議室をつくっている。たとえば、和室の会議室や、掘りごたつ式の会議室。オフィスらしくない状況で会議をすることが、いつもとは違うアイデアを引き出すとされ、取りいれる企業が増えてきた。社内に場所がない場合は、ときには社外で会議をすることを考えてみよう。大事な会議は自然を感じられる場所で集中的に行うという企業もある。さわやかな環境が参加者の脳を活性化させ、質の高い会議になる

ためという。

長い会議では、適切に休憩を取ることも大切だ。同じことをやり続けると、脳も疲れてしまう。休憩中は会議のことは忘れて遊びに熱中しよう。仕事から完全に離れることで、脳は元気を取り戻す。軽く昼寝をするのも、脳を休ませる効果が高い。

心理学 column

通勤・通学経路を変えて発想の柔軟性を鍛える

発想の柔軟性をアップさせたい人は、脳に刺激を与える機会を日常の中に増やしていこう。おすすめは通勤・通学のルート変更。はじめての店や景色との出会いにより脳が活性化され、やわらかい思考につながる。

炎を吐く
ドラゴンがいます。
ドラゴンは
どれくらいの長さの
炎を吐きますか?

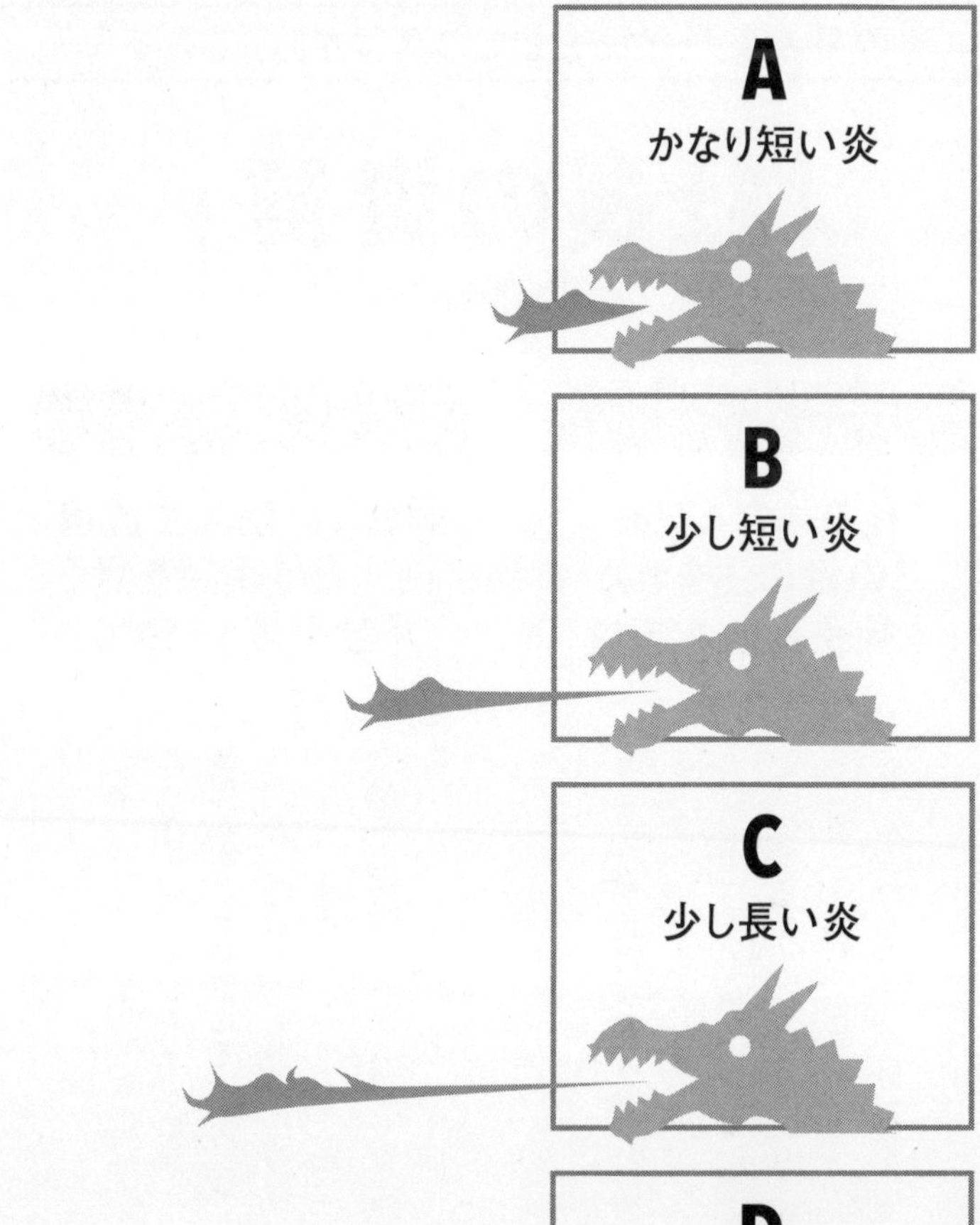
A
かなり短い炎
B
少し短い炎
C
少し長い炎
D
かなり長い炎

ANSWER 47 ◀◀◀

炎の長さにリーダーとしての資質があらわれる！

「社長の資質」がわかる！

A

群れない個人主義者 他人とは距離を置く 「社長度」10%

仕事はひとりで黙々とこなすのが好きなタイプ。群れない個人主義者で、他人とは距離を置く。**社長になることを望んでいないし、向いてもいない。**ただし、社員があなたひとりの会社を立ちあげるのなら、社長になっても問題なし。**職種によっては独立してフリーランスとして活躍できる。**

B

社長になるため この世に生まれた 「社長度」120%

あなたは**社長になる星のもとに生まれた人**。物事を前向きにとらえ、部下のアイデアを上手に吸いあげるので、**あなたが社長になると会社の業績はアップする**はず。ただし、社長になる前にトラブルに巻きこまれ、出世階段を滑り落ちる可能性も。そうなったら起業して社長になればいい。

ドラゴンの口から噴き出す炎の長さから、あなたの社長としての資質を判断。あなたが社長をめざすことが、社員の迷惑になる可能性も。

C

社長になっても社員と友達感覚 「社長度」50%

オープン・マインドなあなた。**地位があがったからといって人を見下すようなことはなく、社長になってもフレンドリーに社員とつき合う。**駆け引きが苦手なあなたの代わりに、**社外と交渉する参謀役が必要。**参謀役に恵まれない場合は会社の業績があがらず、社長の座に長くいられない。

D

トップダウンで動かす独裁者 「社長度」200%

権力への憧れがとても強いあなた。社長になると、**ワンマン社長になり、なんでも自分で決めたがる。部下の意見は、社長への反抗ととらえ、一切受け付けない。アメとムチの使い分けが上手**で、給料と有給の面では社員に文句を言わせない。部下のつくり笑顔を真の愛情と勘違いするとセクハラに。

コミュニケーションのテクが身につくNLPであなたもデキる社長に

KEY WORD NLP、モデリング

天才の真似をすれば天才に近づける

自分はリーダーに向かない、ストレスに弱いといった悩みを抱えている人も、「NLP（神経言語プログラミング）」を学べば、デキる社長やストレスに強い人間になれる可能性が高い。NLPは、1970年代にアメリカの言語学者とプログラミング学者が3人の天才セラピストをモデルに、「脳の取り扱い説明書」をつくろうとしてはじめた研究がもとになっている。彼らは天才たちが共通してやっていることを見つけ出し、凡人に同じようにやってもらった。すると凡人でも天才とほぼ同じ結果が得られることがわかったのだ。

現在ではさまざまな分野でNLPが取りいれられ、日本にも広がりつつある。NLPのスキルにはさまざまなものがあるが、代表的なものは「モデリング」である。あなたが得たい結果を得ている人のなかに入りこむイ

メージで、その人の言葉や体の使い方、考え方などを取りいれる。すると、短期間であなたにも同じ結果が手に入るようになるのだ。セラピストの研究から出発したＮＬＰはコミュニケーションで特に結果があらわれやすい。すぐれたリーダーになることをめざし、若いうちからＮＬＰを学んでいる人も多い。

心理学 column

身だしなみに注意しデキる印象を与える

地位にふさわしい服装をすると、その地位の人らしくみえる。質のよいスーツをきちっと着て、靴がピカッとしている人は、仕事ができるリーダーにみえるもの。地位があがるほど、日常の身だしなみに注意を。

▶QUESTION 48

父の日にネクタイを
プレゼントすることに
なりました。
どんなネクタイを
あげますか？

A

華やかな色と柄で
派手なネクタイ

B

落ち着いた色と
さりげない模様の
ネクタイ

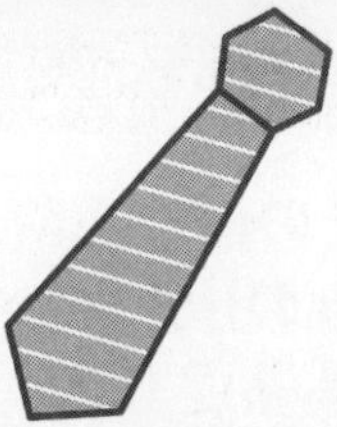

C

紺、茶色、グレー
など落ち着いた色
の無地のネクタイ

D

白に近い淡い色の
清潔感がある
ネクタイ

ANSWER 48 ◀◀◀

ネクタイの色柄はあなたの腹黒度の象徴!?

「対人ブラック度」がわかる!

A

その優しさは自分のトクのため
腹黒度 80%

派手なネクタイは「若々しく元気でいてね」と願う気持ちの象徴。裏返せば、「病気になって子どもに迷惑をかけないで」「まだはたらいて××のときは支援してほしいなあ」という思いがこめられているのだ。**さりげなく相手を利用しようとする、利己的なあなたの腹は、マイルドにブラック。**

B

ソツがないかわり情もない冷血人間
腹黒度 50%

おとなしい柄のネクタイは、あなたのソツのなさを象徴。**他人と積極的にかかわりたくないので、何事もソツなく立ちまわるタイプ。表情はいつもニコニコおだやかだが、その笑顔は自己を守るための防衛線**でしかない。自分に迷惑がかかりそうなときは逃げる。**腹が黒いというより、血が冷たい。**

父親にプレゼントするために買ったネクタイで、あなたが腹の底で何を考えながら人とつき合っているのかみえてくる！

C

自分のほかは全員死んでいい 腹のなかは暗黒世界

いろいろな柄のネクタイがあるなかで無地のネクタイを選択したあなたは**頑固なタイプ。しかも疑い深い。腹のなかには「絶対自分の意見が正しい」「コイツの言っていることは全部ウソ」など、どす黒いネガティヴな言葉がうずまいている。**一度全部吐き出して、空っぽにしてみては。

D

ウソが大嫌い 投げる球は直球 腹黒度0%

白に近い淡い色を選んだあなたは、**ウソをつくのも、つかれるのも苦手。**相手が微妙な表情であなたをスルーしようものなら、「なんで？」と真相がわかるまで追っかけまわす。腹黒い人たちはあなたの直球をバカにしつつ、**誰とでも悪意なくつき合える腹の白さにひそかに憧れている。**

苦手な上司のストレスに負けるな！上司のタイプに合わせてつき合う

KEY WORD 「PM理論」の4タイプ

上司は仕事のスタイルで4タイプに分けられる

部下にとって、上司はしばしばストレスのもと。上司とうまくつき合うことができれば、職場でココロの健康を損なうリスクは低くなるだろう。

そこで、まずはあなたの上司がどのようなタイプなのか分析しよう。社会学者の三隅二不二《みすみじふじ》は、ＰＭ理論という理論で上司を４タイプに分けている。目標達成能力（Ｐ＝パフォーマンス）の高い上司は、目標設定や計画立案に積極的で、メンバーに指示を出す。集団維持能力（Ｍ＝メンテナンス）が高い上司はチームワークを大切にする。ＰとＭの高低で、あなたの上司に対するベストな振る舞いは異なる。ＰもＭも低い上司なら、自分たちでやるしかないと割り切ろう。

あなたと上司の間で意見の対立があったときの解決法からも、あなたの上司のタイプがわかる。この方法を考えたブレイクとムートンは、解決法には「回避（問題を放置）、妥協（互いに譲歩）、融和（多少の違いを見過ごす）、固執（譲らない）、問題直視（徹底的に議論」という5つの型があるとした。回避や固執がみられる場合、あなたと上司の関係はかなり悪いので、接し方を変えてみては？

PM理論で上司のタイプを分析！

「PM理論」とは、リーダーの資質を２つの軸で分析し、マトリックスで、４つのタイプに分類したもの。P＝目標達成能力、M＝集団維持能力

（縦軸：P　横軸：M）

Pm型　サイボーグタイプ 目標達成能力が高く、積極的に仕事に取り組む。しつこい干渉は避けるべきだが、めげずに話しかけていい。	**PM型　理想の上司タイプ** 目標達成能力も、集団を維持・強化する力もある。成果は目にみえる形でアピールすると適切に評価される。
pm型　ダメ上司タイプ 目標を達成する力も、メンバーをまとめ、統率する力も弱い。リーダーとしてやる気がない可能性が大。	**pM型　いい人タイプ** チームの結束は強まるが、目標を達成する力が弱く生産性がない。スキルアップする努力は自身で行うこと。

心理学 column

部下のやる気を上げる目標の立て方

心理学的には確実に成功（または失敗）しそうな目標より、成功率が五分五分の目標のほうがやる気が出る結果に。やる気がない部下がいたら「がんばればできるかも」という目標を設定してあげよう。

人は誰でも、他人よりも何らかの点で
優れていると考えていることを
忘れてはならない。
相手のココロを確実につかむ方法は、
相手が相手なりの重要人物であると
それとなく、
あるいは心から認めてやることである。

実業家
デール・カーネギー

第６章

取り巻く人間関係にうまく対処できている？

敵・味方どっちが多い!? 「人間関係」診断

家族、恋人、職場、学校、ご近所づき合いまで……生活するためについてまわる「人間関係」。心理テストで楽しく暮らすヒントをみつけよう。

QUESTION 49

大ヒット商品を
企画したあなた。
社長賞として1カ月の休みと
予算上限なしの海外旅行を
もらいました。
どんな旅行を計画しますか？

A

ラスベガスやマカオなど、カジノを楽しむギャンブル旅

B

台湾の飲茶やイタリアのパスタなど、おいしい料理を食べるグルメ旅

C

マチュ・ピチュやアンコールワットなど、世界遺産をめぐる旅

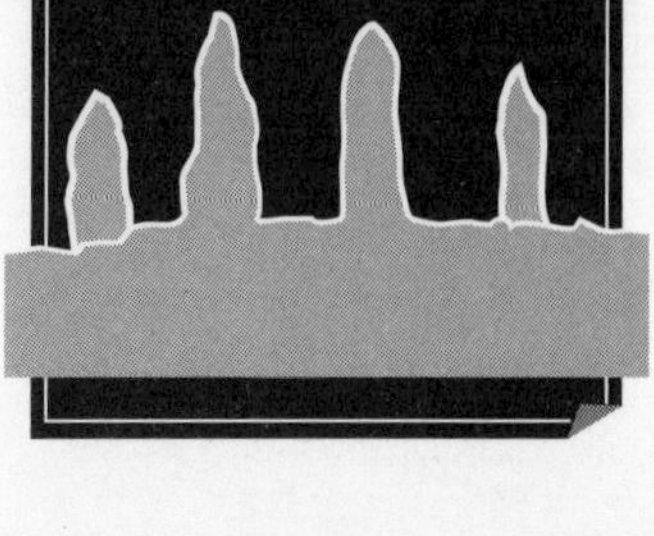

旅の目的は、自分のいる環境への満足度を象徴！

「環境満足度」がわかる！

A

カジノの一攫千金は現実逃避の象徴 環境満足度 30%

一攫千金の可能性があるカジノは、日常生活からの逃避願望のあらわれ。**職場や学校で思いどおりにならないことが多く、ストレスがたまっている**のでは。新しい環境に身を置くのは決して悪いことではないけれど、どんな環境でも自分の弱さからは逃れられないことを知っていてほしい。

B

気分転換したい気持ちがグルメに 環境満足度 60%

おいしい食べ物はリフレッシュ効果が高いもの。**日常をリフレッシュしたい、今の環境にちょっとした変化がほしい**という気持ちがグルメ旅に結びつく。いつもの環境にやや飽きているなら、デスクまわりの模様替えをする、髪型を変えるなど、自分でできるリフレッシュ法を工夫してみては。

旅先でできること、満たされることからは、あなたが生活で満たされたいことが判明。そこから今の環境に対する満足度が明らかになる！

C

満足していてこそ知的好奇心が向上 環境満足度80%

長い年月を超えてきた世界遺産が象徴するのは、あなたの知的好奇心。**未知なるものにふれてみたい、歴史を体感してみたいという気持ちは、ココロにゆとりがある**からこそ起きる心理。あなたの今の職場や学校にはそれほど強いストレスがなく、環境満足度はかなり高いよう。

同じ環境にいても満足度は人それぞれ自分で無意識に不満をつくっている!?

KEY WORD
満足度は自分次第

満足度の低い人はみずから不満をためている

同じ場所でキャンプをしていても、人によって感じ方は大きく異なる。「星空がきれい」と感動している人もいれば、「何もなくて退屈」と不満タラタラの人も。それと同じように、職場や学校といった環境には、楽しそうにしている人と、不満ばかり口にしている人がいる。こうした差が生まれる原因のひとつは、人によって物事のとらえ方が異なるため。もしあなたが後者の場合は、今の環境に対する満足度は低いはず。

環境を変えることで満足度が高まる場合もあるが、物事をネガティブな目でみる習慣がついていると、環境を変えてもすぐ新たな不満をみつけてしまう。それではどこにいっても不満がたまるばかり。不満だらけの人生から抜け出すために、まずは不満を口にするのも、不満について考えるのもやめてみよう。

環境の不満やイライラから抜け出す方法

「ゲシュタルト療法」

アメリカの精神科医パールズが創始した心理療法のひとつ。「いま・ここ」で体験していることを重視し、感情や身体感覚の体験を通して自己に気づき、人格や統合性・全体性（ゲシュタルト）の回復をはかる技法。

Step.1 不満の根源を突きとめる

自分自身に問いかけ、イライラの原因やココロのモヤモヤの原因を洗い出す。はっきりとしたものがわからなければ、それでもOK。

Step.2 宣言する

「私は○○のせいで腹を立てている」「私は△△のせいで傷ついた」などと、はっきりと口に出して宣言する。

Step.3 Step.2の言葉を1分間繰り返す

ネガティブな気持ちにどっぷりとつかり、思う存分気持ちを吐き出す。

ネガティブ要素を吐き出せば、不満やイライラのスパイラルから抜け出せる！

QUESTION 50

ハロウィンパーティーに参加するあなた。あなたはどのようなコンセプトでコーディネートする？

A

レディー・ガガのような誰よりも目立つ仮装

B

ジャック・オー・ランタンモチーフを取りいれたハロウィン仕様の仮装

D

お姫様をイメージ
した美しい仮装

C

ハゲ親父や鼻たれ
小僧などウケを
狙った仮装

ANSWER 50 ◀◀◀

人気者？　それとも……やっかい者!?

「職場での印象」がわかる！

A

積極的に攻める
突出した個性
目立ち度 MAX

超個性的なファッションは、積極性の象徴。**どんな仕事でも誰よりも積極的に攻めていくあなたは、重要な仕事を次々と与えられ、職場ではかなり目立つ存在**になっているはず。**突出した個性のために、同僚からは変わった人と呼ばれているが、そんな評判を気にしない**タイプでもある。

B

空気を読む能力で
上司のお気に入り
同僚の嫉妬は高め!?

ハロウィン定番の仮装を選んだあなたは、場になじむことを最優先するタイプ。**空気を読む能力が高いため、仕事の成績は平凡でも、どのように振る舞えば上司が喜ぶかを瞬時に判断でき、上司からかわいがられている。**その分「大して仕事もできないのに」と、陰で嫉妬されたりしているかも。

仮装のコンセプトは、あなたの自己演出のスタイルをあらわす。自分をどうみせるかによって、まわりの人のあなたへの印象は変わってくる。

C

みんなに誘われる便利な宴会部長!? セクハラには要注意

サービス精神が旺盛で性格が明るいあなた。**違うセクションの人や社外の人からも、気軽に飲みに誘いやすいタイプと思われ、宴会部長として重宝**がられている。**サービス精神でしたことを「自分に気がある」と誤解されているおそれも。**上司との妙なウワサや、セクハラには十分気をつけて。

D

見た目でトクもソンもしている同性の反感度 MAX

お姫様の仮装を選んだ人は、女性らしさにこだわりがあるタイプ。**異性の同僚からは職場の華としてチヤホヤされている**ようだ。それでトクをすることもあるが、仕事もがんばっているのに、**みた目でトクをしていると誤解されがち。同性からは「異性に媚びている」と反感を買っている**はず。

どんな人でも自分の印象をよくできる相手を受けいれるコミュニケーション

KEY WORD
傾聴
セルフ・サマライジング・シンドローム

どんな美人も悪い印象を与える自己完結型コミュニケーション

容姿やファッションがその人の第一印象を左右するものであることは間違いないが、会話をしているうちに印象は変わるもの。相手によい印象を与えたいなら、質のいいコミュニケーションを心がけよう。そのためには、相手の話にしっかりと耳を傾けることが欠かせない。カウンセリングではこれを「傾聴」といい、カウンセラーが傾聴することで、相談者は「自分は受けいれられている」とカウンセラーを信頼するようになるのだ。

これと逆に、相手の話を聞かず、自分の話に自分で結論づけてしまうタイプの人がいる。たとえば「君はどう思う？」と言いながら、間髪を入れず「やっぱ××は○○だよね。だって△△だもんね」と自分で答えを出してしまう。相手は内心「それなら質問してくるな」と不快感を募らせるが、本人はひとりでベラベラしゃべり続けている。

このような会話のキャッチボールが成立していない、自己完結型のコミュニケーションを、心理学では「セルフ・サマライジング・シンドローム」と呼ぶ。自分の印象をよくしたいなら、相手のココロに不快感を刻みつけるような、自己完結型の会話はＮＧ。

「傾聴」で相手とのココロの距離を縮め、信頼を得る

傾聴の本質は「聞くテクニック」ではなく「相手を理解する」ということにある。

第一段階　表面的なテクニック

▼

第二段階　話し手と聞き手が共通認識を持つ

▼

第三段階　話し手が聞き手に「自分を信頼している」と感じ、ココロを開く

▼

第四段階　聞き手、話し手、双方の理解が深まり、納得のいく判断や結論に達する

心理学 column

相手の言動の「コピー」で自分を好きにさせる

目の前にいる人に気にいられたいときには、相手の動きや言葉を真似てみよう。人間は自分の行動が真似されると、「受けいれられた」と感じ、相手に好意を持つ。心理学では、「同調ダンスのシンクロ効果」という。

無人島で
サバイバルするという
番組に参加する
ことになったあなた。
何かひとつだけ
持っていけるルールです。
何を持っていきますか？

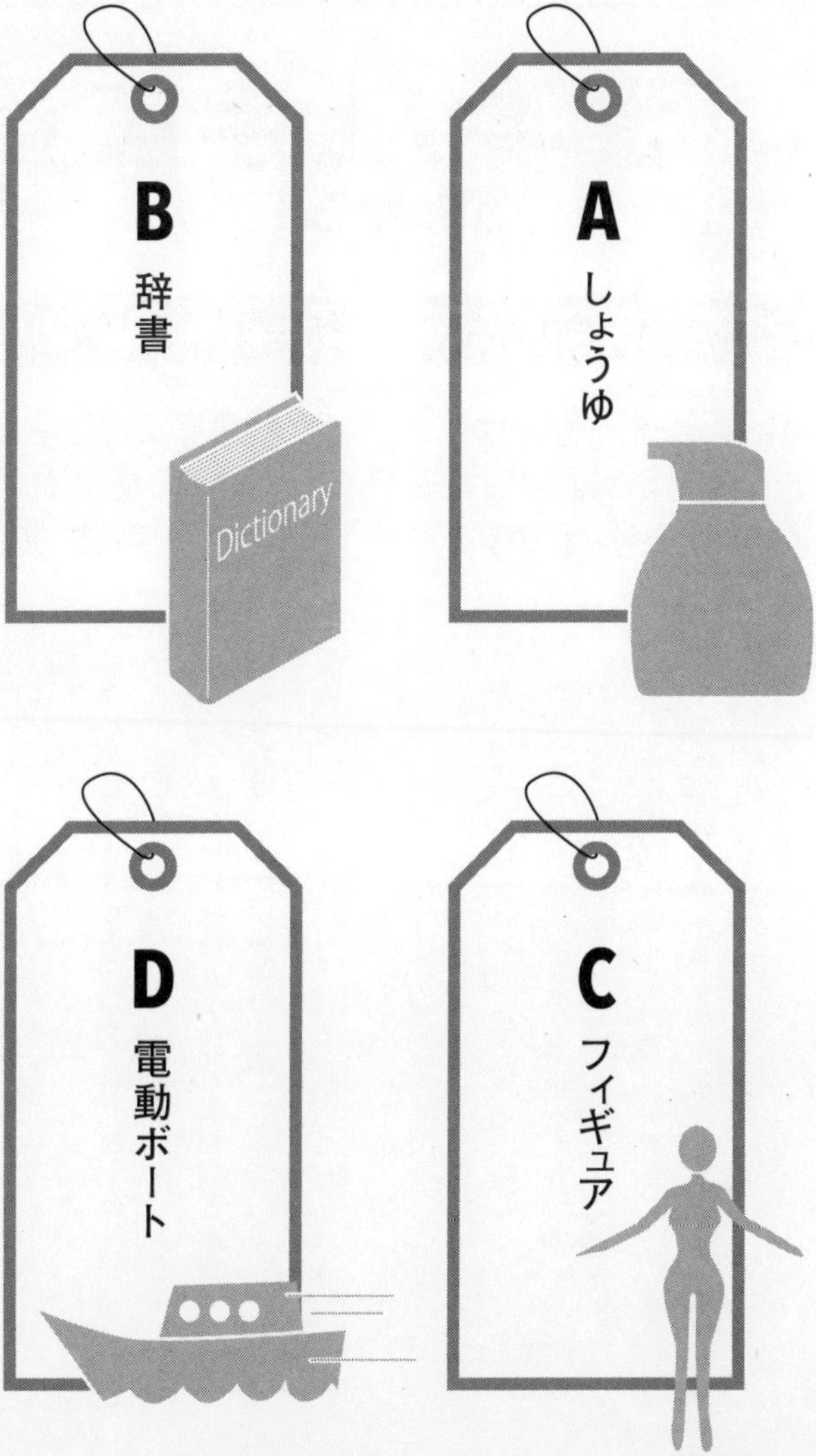
A
しょうゆ
B
辞書
Dictionary
C
フィギュア
D
電動ボート

ANSWER 51 ◀◀◀

状況に合わせる能力がアイテムにあらわれる

「世渡り上手度」がわかる！

A

好きなことをやり 他人に喜ばれる 世渡り上手度 90%

枯れ木で火を起こし、釣った魚を木の枝に刺して焼いた魚を食べるとき、しょうゆがあれば、サバイバルでもグルメを堪能できる。あなたと一緒にサバイバルする仲間も、そのおいしさに大喜びするはず。**みんなに喜ばれることを自然と選択できるあなたは、人一倍世渡り上手**なタイプ。

B

計算上手で賢いが イヤミっぽい 世渡り上手度 70%

自分の知らないことや、自分の言ったことが正しいかどうかを確認できる辞書。サバイバルの状況にあって、そんな計算ができるあなたは**物事を客観的にみる賢さを備えている。しかし、その賢さがイヤミっぽくみえる**ときも。そこがウイークポイントだが、まずまずの世渡り上手だ。

何もない無人島に持っていくモノの使い道で、あなたがどれほどうまく世のなかをわたっているかを知ることができる。

C

世間の目なんか気にしていない 世渡り上手度 30%

フィギュアは気持ちを和ませるアイテム。**自分の気持ちを一番大事にしているあなたは、好きなことには才能を発揮できるものの、他人の気持ちにやや鈍感**なところも。まわりの人の言動にもう少し意識を向け、自分を抑えるように心がければ、今よりもずっと世渡り上手になるだろう。

D

状況を読み間違えすべってばかり 世渡り上手度 20%

電動ボートは一見、便利そうにみえるが、残念ながら、無人島には電気がない……。あなたは無人島でなくても、**状況を読み違えて行動し、失敗してしまいがち。それによって幸運をみすみす逃すことも多い。**世渡り上手とはいえないが、誠実でウソをつかないため、人に嫌われることもない。

「聞き上手」こそが世渡り上手！いい聞き役になって世間をス〜イスイ

KEY WORD
オウム返し
イエスバット法

「オウム返し」で味方につけ「イエスバット法」で打ち返す

「世渡り」とは、世間のなかで生きていくこと。世間をつくっているのは人間なので、「世渡り上手」は「人づき合いが上手」ということでもある。

特殊な才能ではない。だが、「世渡り上手」は、ちょっと工夫するだけで、あなたの世渡りの能力は確実にアップできる。その最大のポイントは、「話し上手」ではなく「聞き上手」をめざすこと。あなたと会話をする誰もがあなたに自分の話を聞かせることを楽しみ、秘密の話さえあなたに聞かせてくれるようになれば、世間の荒波もスイスイとわたれるはず。

そうなるために、ぜひ試してほしい方法が「オウム返し」である。オウムのように相手の言葉を繰り返すだけで、相手はあなたに自分の話が伝わっていることを実感できる。もし相手の意見に同意できないときは、「イエ

スパット法」を。これは「なるほど、○○なんですね」と相手の意見を受けいれてから、「ただ……」と自分の意見を述べる方法で、いきなり否定するよりも相手に不快感を与えない。会話が苦手で、「世渡りが下手」といわれる人もこうしたテクを覚えておけば、上司や同僚との会話がだいぶラクになる。

心理学 column

信号待ちにスマホは意外と世渡り上手!?

寒い冬の日、信号待ちの間にスマホをいじっている人は、寒さというストレスを無意識のうちにスマホで紛らわせているという。スマホをいじるタイプは、ストレスをさりげなくやり過ごせる。

QUESTION 52

あなたはどんな傘を使っていますか？

A
一生使い続けられる
ような質のいい傘

B
黒や紺などの
シンプルな色の傘

C
いつ雨が降っても
いいように
折りたたみ傘

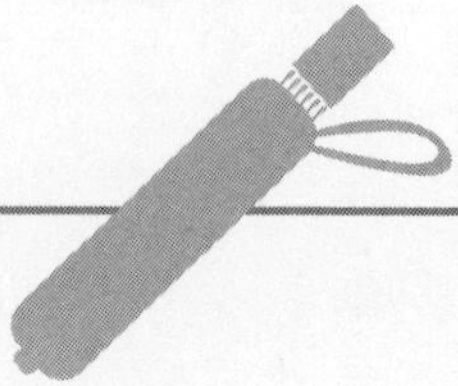

D
なくなってもいいよう
にビニール傘

ANSWER 52 ◀◀◀

アイツの出世願望は傘をみればバレバレ！

「上昇志向指数」がわかる！

A

**権力とお金に憧れ
出世意欲バリバリ
ビッグ志向 MAX**

高品質な傘は値段が高い。しかし、**お金や権力への憧れが強い人**は、お金がなくてもお金持ちが使うような高級傘を使う。**無意識または意識的に、自分がなりたい人物に似合う傘を選んでいる**のだ。ちなみに、官庁のある霞ヶ関を雨の日に歩くと、上質な傘を持っている人がとても多い。

B

**女性は男性並みの
キャリアを希望
上昇志向は中**

紺や黒の傘は、一般的には男性が持つ傘の色。あなたが女性で、紺や黒のシンプルな傘を持っているなら、**男性と同じようにバリバリはたらき、同じように出世したいと考える、キャリアウーマン**タイプ。あなたが男性なら、それほど**目立たなくても、人並みの出世をしたいと願っている**タイプ。

傘は時計や靴などよりも注目されない分、その人の個性が出るアイテム。会社や学校に持っていく傘から、あなたの出世願望がみえてくる。

C

粘り強くがんばり チャンスをねらう 徳川家康タイプ

折りたたみ傘は、慎重な性格の象徴。**石橋をたたいてわたる姿勢は、積極性に欠ける印象を与えるときもあるが、出世に興味がないわけではない。**おっちょこちょいの上司を内心バカにしていて、「鳴くまで待とうホトトギス」の姿勢で出世のチャンスをねらっている徳川家康のようなタイプ。

D

気楽に生きたい 出世はめんどう 上昇志向はゼロ

ビニール傘を選ぶあなたは、電車やお店に傘を忘れることが多いはず。**自分の行動をチェックするのが下手で、仕事でのミスも多いのでは？　出世意欲は低く、むしろ出世して責任を負わされる立場になるのは避けたい**と思っている。マイペースで、のんびり生きていくことを望んでいる。

出世が幸福の必須条件とは限らない 何が自分の理想なのかを考えよう

KEY WORD 出世の価値観

〝出世〟は必要か？ 出世欲と人生の楽しさは反比例!?

出世欲や上昇志向の強い男性を、結婚相手として肯定的にとらえる女性は多い。しかし、出世するためにがんばる夫は、妻の目には、自分よりも仕事を優先しているようにみえるかもしれない。そんな夫にイライラすると、夫は夫で「自分は仕事をがんばっているのに」とイライラし、夫婦の心理的葛藤が高まる。

いつも自分をかまってほしいタイプの女性は、『サザエさん』の磯野波平のような出世欲の低い男性と結婚するほうが、心理的に安定した生活を送れる可能性が高い。

芸術活動や社会貢献など、世間のものさしではかりにくい何かに情熱を燃やしている人も、出世願望の強いタイプの一種。今はただの変人にみえても、将来はビッグになるかもしれない。分野に関係なく出世をする人は、具体的なイメージをもち、目の前の目標に向

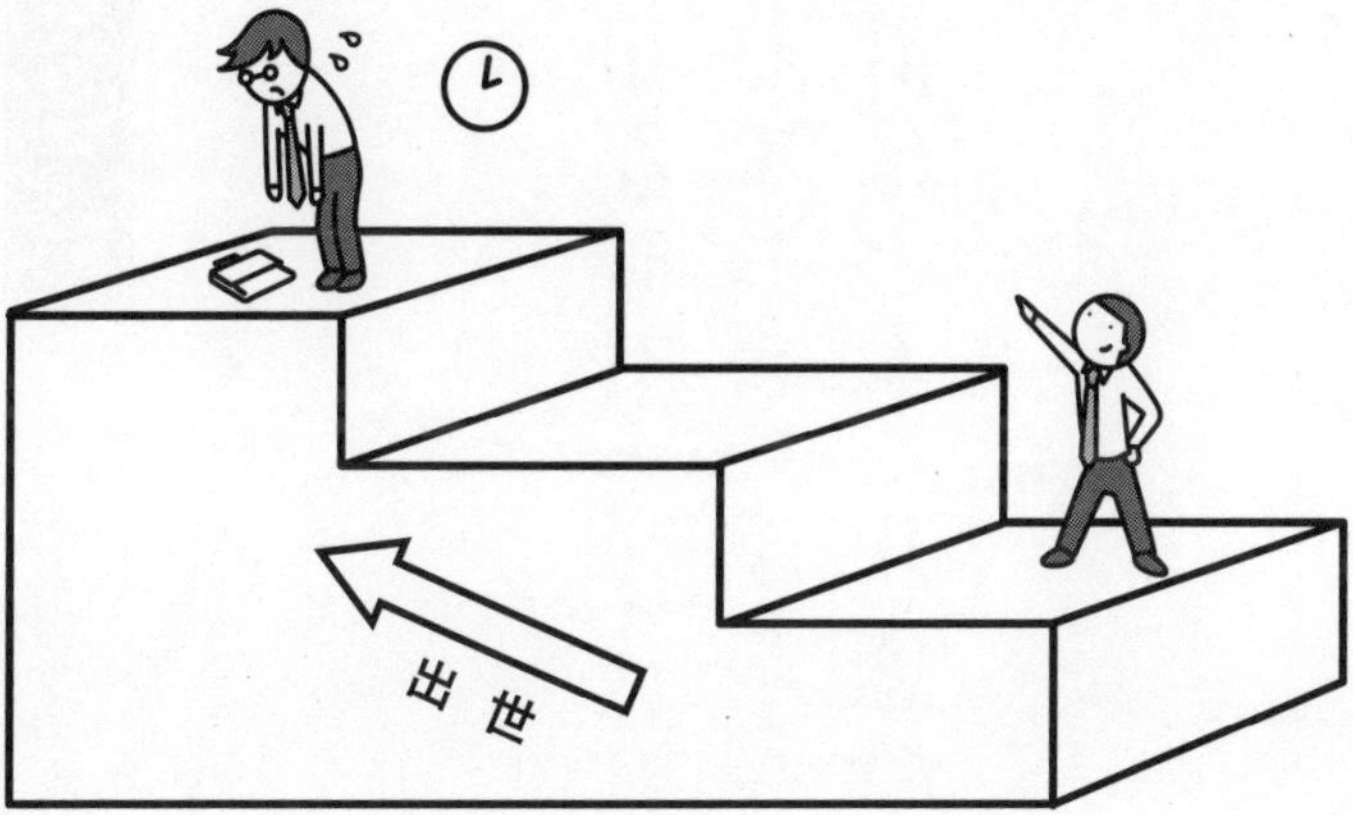

かって努力をしている。成功には運も必要だが、努力なしでは運も開けない。出世欲が強いわりに運だけをあてにしている人は、他人の成功をねたむ傾向が。一方、出世欲が低い人は「自分とは別」と最初から割りきっている。そこを頼りないとみるか、自分らしく生きている人とみるかは、あなたしだいだ。

心理学 column

出世をすれば浮気もする 出世欲と性欲は連動!?

「英雄色を好む」ということわざがある。英雄には女好きが多いという意味だ。近年では、男性ホルモンが多い男性は、地位は高い一方で不倫しがちという研究結果も。出世と浮気は男らしい行動のようだ。

QUESTION 53

大事な時計を床に落として
壊してしまいました。
時計はどんな状態ですか？

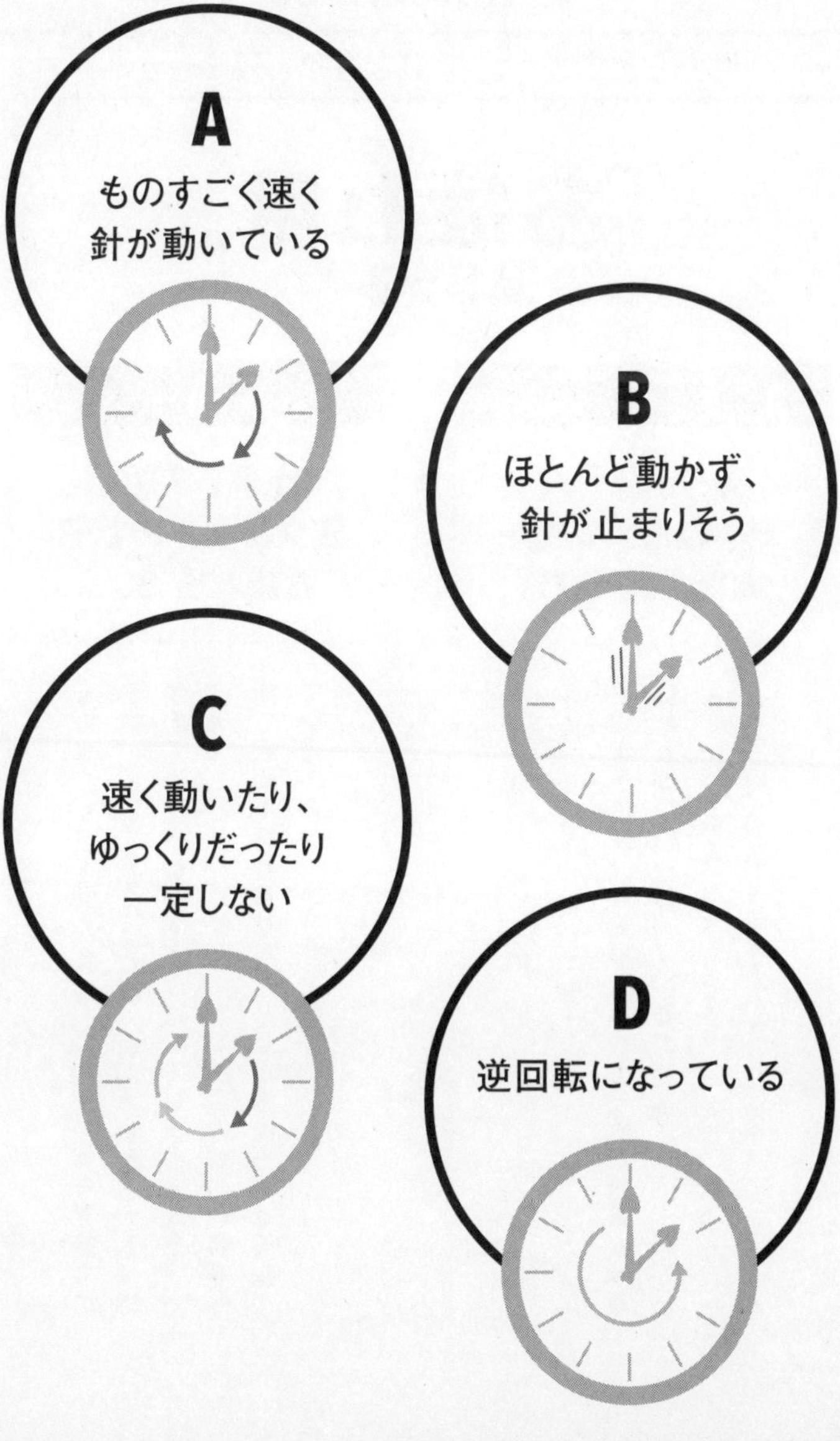
A
ものすごく速く
針が動いている
B
ほとんど動かず、
針が止まりそう
C
速く動いたり、
ゆっくりだったり
一定しない
D
逆回転になっている

ANSWER 53 ◀◀◀

はたらきすぎか、それともサボりすぎか？

「お疲れ度」がわかる！

A

仕事しすぎて頭グルグルの状態 お疲れ度 80%

ものすごく速く動く針は、あなたの焦る気持ちの象徴。**「自分ががんばれば、なんとかなる」と、ほかの人に頼らないでがんばってしまうあなた。**やるべきことが多くなりすぎて、目の前の**仕事を一刻でも早く終わらせることしか考えられなくなっている**みたい。もう少し周囲に頼ってみては。

B

心身ともバテバテ 動くのもしんどい お疲れ度 90%

止まりそうなくらいゆっくりとした時計の針は、あなたの気力がなくなりかけていることを象徴。世のなかの時計が全部止まって、**明日仕事が休みになればいいと思っているのでは？** 動くのもしんどいくらい疲れているなら、なるべく休息をたっぷり取って、心身の元気を取り戻そう。

時計の針は、あなたのやる気を象徴。仕事に前向きでもがんばりすぎれば疲れがたまるし、ダラダラしていても嫌いな仕事はなんだか疲れる。

C

ムラがありすぎ まわりの人が疲れる お疲れ度 30%

やる気にムラがあり、**やるときは人並み以上にやるけれど、日によっては全然やる気が出ない。**本人はそれほどストレスは感じていないけれど、**まわりの人はあなたのムラに振りまわされてイライラ……。**やる気がなくても仕事ができるようにしていかないと、戦力外通告を言いわたされるかも。

D

だらけていても 疲労感は高い お疲れ度計測不能!!

今の仕事にムキになれないあなた。**職場の人間関係にも不満があり、仕事をやめたいと思うけれど、次の仕事を考える気力もない状態。ダラダラとはたらいているわりに、職場にいるだけでどっと疲れて、退勤後は家でぐったり寝るだけ。**もしそうなら、心療内科の診察を受けたほうがよさそう。

「労働はよいこと」が強迫観念に!? ココロの定義を改め過労死を防ぐ

KEY WORD 過労死

日本人ははたらきすぎ!? はたらかないのは悪いことか?

日本では「過労死」で命を落とす人が後を絶たない。度を超した長時間労働は、動脈硬化や心臓病などの疾患の原因になる。長時間労働のストレスからうつ病を発症し、自殺にいたった場合も、過労死に含まれる。

はたらきすぎてしまう人には、心理的な共通点がある。それは、「はたらくことは、よいことである」という気持ちが強いこと。これを裏返すと、「はたらかないのは、悪いこと」。これが強迫観念となり、休んではいけない、はたらかなくてはいけないと無理をしてしまうのだ。

性格的にも正義感、責任感が強く、自分が休むことで同僚や上司に迷惑がかかることを強くおそれている。もし、あなたがそういうタイプなら、ちょっと立ち止まって考えてほしい。もしはたらきすぎて心身の病気になっ

てしまうと、みんなにもっと大きな迷惑をかけてしまうのでは？

ひとまず「はたらかないことは悪いこと」というココロのなかの定義は捨ててしまおう。

そして、「はたらきすぎは、悪いこと」「無理しすぎないではたらくのが、一番いいこと」という、新しい定義をココロに持とう。

心理学column

燃え尽きるまでジワジワ 気づけば「ゆでガエル」に

仕事の慢性的なストレスから心身の不調に陥ることを「燃え尽き症候群」という。水のカエルが加熱され、気づけばゆでガエルになるように、最初は耐えられるストレスなので、燃え尽きるまで自覚しにくい。

QUESTION 54

車がいき交う道路の真んなかで、
おばあさんが立ち往生しています。
あなたはどうしますか?

A

駆け寄って、
助ける

B

警察官を
呼んでくる

C

様子を見守る

とっさの行動に上司（先輩）への態度がわかる

「年上からの愛され度」がわかる！

A

性格のよさが評判
上司も頼っている
年上愛され度 100%

自分とは**まったく関係のない人のために、危険をかえりみずに行動できるあなたは、誰からみても「いい人」。困っている人のためなら、損得勘定関係なく行動できるタイプ。**チームのまとまりをよくするには、あなたのような人が必要。**上司や先輩はあなたにあつい信頼を寄せている。**

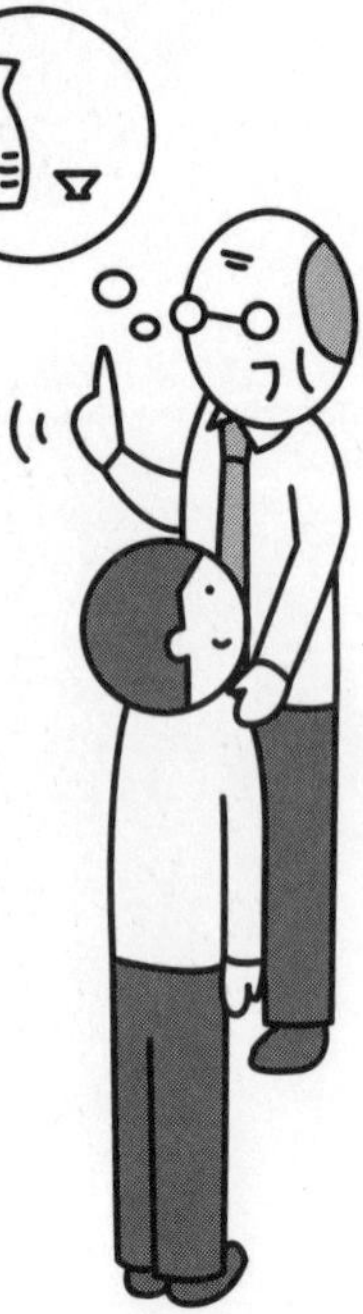

お年寄り＝年上の人に対する対応の仕方で、目上の人からどう思われているかが判断できる！

B

仕事はできても かわい気がない 年上愛され度 30%

車がいき交うなかに飛びこむのは危険。近くに交番があったなら、警察官を呼びにいったあなたは、ベストな判断をしたといえるかもしれない。**仕事でも冷静にベストな判断ができるあなたを、上司たちも「できる」と評価しているはず。ただし、かわい気がない**という声も多い。

C

優しくて不器用 ココロをくすぐる 年上愛され度 60%

そのままとおりすぎるほど冷たくはなく、何かするほどの大胆さもない。頭の切れもイマイチ……。でも、**ココロ優しくて不器用なところが、上司や先輩の父性（母性）本能をくすぐる。あなたが困っていると「しょうがないんだから」と誰かが助けてくれる**が、それを当てにしないように。

職場では上司に好かれたほうがトク！上司に好かれる行動で高評価をゲット

KEY WORD
共通点
ラポール

上司に親しさを感じてもらい2人の間にラポールを形成

上司と親しくなって、「あいつはコミュニケーション能力が高い」と思われたほうが、評価の面でもトク。

まず第一段階は上司と自分の「共通点」を探してみよう。人間は自分と共通点のある人に親しみを感じるもの。出身地、出身校、好きなスポーツなど何か共通点をみつけたら、それをアピールしよう。

もし共通点がなければ、上司の好きな店にいってみるのもいい。また、面談などで「○○で実績を出したいと思い、△△してきましたが、今後どのように努力するべきか、アドバイスをいただけますか」と、上司に評価してもらいたいポイントを自分から言うのも効果的。あなたの努力に気づくことで、評価が変わってくるかもしれない。

そして、コミュニケーションの頻度を増や

上司のタイプ分けをして接し方を変える

回避型上司

失敗の確率こそ低いものの、成功の確率もほとんどない！

妥協型上司

取り立てていいところも悪いところもない、いてもいなくてもいい。

融和型上司

問題を突き詰め、常に計画を立て直しながら仕事を進めていくので、失敗がない。

固執型上司

いつも最悪の事態を招く、トラブルメーカー的存在。

すのも重要。人はより頻繁に接触する相手を好きになるもの。１日5分の会話は、週１の１時間の会話よりも親しさを増す。心理学では、ココロの架け橋を「ラポール」というが、こうしたテクを使って、上司との間にラポールを形成しよう。上司とのラポールの形成は、出世への早道といえる。

心理学 column

叱られ上手は聞き上手　謝罪も反論も話の後に

叱られるときも、ふつうの会話とポイントは同じ。まずは相手の話をしっかりと聞き（傾聴）、共感の態度を示そう。話の途中で、反論するのはＮＧ。弁明は、上司の話が終わり、ひとこと謝罪を述べてから、冷静に。

QUESTION 55

映画のオーディションが開催され、あなたは見事合格しました。どんな役が配役されましたか?

A　主演のヒロイン

B　ヒロインを支える準主役的なポジション

C　ヒロインをいじめる存在感のある悪役

ANSWER 55 ◀◀◀

職場や学校でのポジションがなりたい役柄に関係

「人間関係センター指数」がわかる！

A

みんなの輪のなかにいることで満足
センター指数 50%

ヒロインを選んだあなたは、学校や職場で**中心的なポジションにいる人に憧れつつ、自分がそのポジションにつくのは無理と考えている**タイプ。**みんなの輪のなかで、中心的なポジションにいる人を支えることに喜びを見出だしている。センターになるには、自分に自信を持つことが大切。**

B

いつでもみんなの真んなかにいる
センター指数 100%

準主役を選んだ人は、**本人はそういうつもりではなくても、いつでもみんなに頼られる「真のセンター」。リーダーとして中心にいるので、はじっこにいる人のことがよくみえていない場合も。**あなたばかりスポットライトを浴びていると反感を買うので、みんなに光が当たるよう配慮したい。

なりたい役は、職場や学校の人間関係でのポジションの象徴。どんなポジションにいるかを知れば、なりたい自分になる方法がみえてくる。

C

みんなと一緒はイヤ
群れない一匹狼
センター指数 10%

悪役を選んだあなたは、**学校や職場では一匹狼的なポジションに。個性を発揮することを望んでいるが、現状はイマイチ。みんなの輪から離れているため、個性をアピールするチャンスが少ない**のかも。自分らしさにこだわらず、周囲の意見を聞くようにすると、かえって個性が輝くはず。

ポジションは成長についてくるもの枠を飛び出し成長をめざせ！

KEY WORD ブレイクスルー

成長のために意識して変える自分の殻を出てブレイクスルー

組織の人間関係でのポジションは、状況によって変わるもの。あなたが今よりも高いポジションを求めているなら、今の自分を打ち破り、成長することが必要だ。ポジションはあなたの成長についてくるもので、ポジションに成長がついてくるわけではない。

自分を変えるために何をしたらいいかわからない人は、今やっていることを今の何倍も多くやってみよう。たとえば、今まで100のアイデアスケッチを書いていたなら、300にしてみよう。普段はやらないことを、意識的にやってみるのもおすすめだ。いつも黒い服を着ているなら、今まで絶対買わなかった赤い服を買ってみてはどうだろうか。従来の枠から飛び出す大きな成功を「ブレイクスルー」というが、自分を変える行動はブレイクスルーを引き寄せるという。

参考文献

『愛と幸せのドキドキ心理テスト』G・ダビデ研究所監修（主婦の友社）

『かなりHな心理ゲーム』博学こだわり倶楽部編（河出書房新社）

『決定版　ホンネがわかる心理テスト』前田京子事務所監修（西東社）

『恋の深層心理テスト』G.B.ココロの研究会編（宝島社）

『コワイほどわかる！　ホンネの心理テスト』阿雅佐著（西東社）

『しぐさ・ふるまいでわかる相手の心理』
渋谷昌三著（日本実業出版社）

『自分がわかる心理テスト』芦原睦著（講談社）

『新版　自分と相手を知る心理テスト』柳澤健二（西東社）

『人には言えないホンネがわかる！　おとなの心理テスト』
中嶋真澄著（池田書店）

『人には言えない…大人の心理テスト』齊藤勇監修（日本文芸社）

『ひみつの心理テスト』中嶋真澄著（池田書店）

『ほんとうのあなたがわかる夢分析の本』富田隆著（竹内書店新社）

『本当は怖い心理学　決定版』齊藤勇監修（イースト・プレス）

『本当は怖い心理テスト』齊藤勇監修（イースト・プレス）

『本当の「私」が見つかる心理テスト』
中嶋真澄著（ソフトバンク クリエイティブ）

『ヤバい心理テスト』中川穣助著（日本文芸社）

STAFF

編集	坂尾昌昭、森本順子（株式会社G.B.）
デザイン	森田千秋（G.B. Design House）
デザイン・本文DTP	TAROWORKS
執筆協力	玉木成子、長野伸江
イラスト	大野文彰

トキオ・ナレッジ
Tokio Knowledge

誰でも知っていることはよく知らないけれど、誰も知らないようなことには妙に詳しい雑談ユニット。弁護士、放送作家、大手メーカー工場長、デザイナー、茶人、ライター、シンクタンクSE、イラストレーター、カメラマン、新聞記者、ノンキャリア官僚、フリーターらで構成される。著書に『正しいブスのほめ方』『正しい太鼓のもち方 上司を転がす35の社交辞令』（ともに宝島社）など。

恐《おそ》ろしいほど人《ひと》の本音《ほんね》がわかる！
大人《おとな》の心理《しんり》テスト

2015年12月4日 第1刷発行

著者 トキオ・ナレッジ
発行人 蓮見清一
発行所 株式会社 宝島社
〒102-8388
東京都千代田区一番町25番地
営業 03-3234-4621
編集 03-3239-0928
http://tkj.jp
振替 00170-1-170829 ㈱宝島社
印刷・製本 中央精版印刷株式会社

ISBN978-4-8002-4853-4